"十二五"国家重点图书

出版规划项目

杜维明著作系列

现龙在田

在康桥耕耘儒学论述的抉择（1983—1985）

杜维明 著

图书在版编目(CIP)数据

现龙在田:在康桥耕耘儒学论述的抉择(1983—1985)/杜维明著.—北京:北京大学出版社,2013.5
(杜维明著作系列)
ISBN 978-7-301-22070-2

Ⅰ.①现… Ⅱ.①杜… Ⅲ.①儒家-文集 Ⅳ.①B222.05-53

中国版本图书馆 CIP 数据核字(2013)第 022517 号

书　　　名:现龙在田:在康桥耕耘儒学论述的抉择(1983—1985)
著作责任者:杜维明　著
责 任 编 辑:吴　敏
标 准 书 号:ISBN 978-7-301-22070-2/B·1108
出 版 发 行:北京大学出版社
地　　　址:北京市海淀区成府路 205 号　100871
网　　　址:http://www.pup.cn　新浪官方微博:@北京大学出版社
电 子 信 箱:pkuwsz@yahoo.com.cn
电　　　话:邮购部 62752015　发行部 62750672　出版部 62754962
　　　　　　编辑部 62752025
印　刷　者:北京汇林印务有限公司
经　销　者:新华书店
　　　　　　880mm×1230mm　A5　8.25 印张　插页 2　148 千字
　　　　　　2013 年 5 月第 1 版　2013 年 5 月第 1 次印刷
定　　　价:33.00 元

未经许可,不得以任何方式复制或抄袭本书之部分或全部内容。
版权所有,侵权必究
举报电话:010-62752024　电子信箱:fd@pup.pku.edu.cn

与傅高义教授的"合影"

80年代和余英时在新加坡参加儒学伦理论坛

1985年作为美国富布赖特访问学者，
在北京大学讲授儒家哲学时的教师工作证

献给师友之间的狄百瑞(William T. de Barry)

——在英语世界开展东亚儒学的哥伦比亚大学教授

目　录

再版序 …………………………………………… (1)
前　言 …………………………………………… (1)

西樵偶语

从认识、了解到批评、创造 ………………………… (3)
一阳来复 ………………………………………… (7)
建立自我的体上工夫 …………………………… (9)
该学哪一样 ……………………………………… (12)
沉　默 …………………………………………… (15)
观画断想 ………………………………………… (17)
听的艺术 ………………………………………… (21)
从祭祀涌现的艺术
　　——正餐酒会 ……………………………… (25)

现龙在田:在康桥耕耘儒学论述的抉择(1983—1985)

爱那看不见而不死的事物 ……………………………… (28)
百寿人瑞
　　——为萧太夫人百年高寿而作 ……………………… (32)
又见到了利科 …………………………………………… (34)
苏黎士午餐 ……………………………………………… (37)
从异乡到失落 …………………………………………… (43)
美国阳光带的兴起 ……………………………………… (46)
以道德实践对治"共识"破产 …………………………… (49)
寒流下的暖流
　　——高标理想的美国研究生 ………………………… (52)
探讨"轴心时代" ………………………………………… (59)
从"轴心时代"看儒学兴起 ……………………………… (62)
站在"大家"这边的劳心者 ……………………………… (64)
伊尹之"任" ……………………………………………… (68)
"实学"的含义 …………………………………………… (70)
妻者齐也 ………………………………………………… (73)
儒家的女性主义 ………………………………………… (77)
儒学在美国的初机 ……………………………………… (80)
儒家伦理和东方企业精神有关吗? ……………………… (83)
介绍《海岳文集》………………………………………… (86)

儒家的动力
　　——为纪念陆彬教授而作 ……………………（92）
一阳来复的儒学
　　——为纪念一位文化巨人而作 ………………（96）
徐复观先生的胸怀
　　——为纪念一位体现了忧患意识的儒学思想家而作
　　………………………………………………（102）
孤往探寻宇宙的真实
　　——重印《尊闻录》 ……………………………（105）

儒学访谈

工业东亚与儒家精神 …………………………… （115）
儒家传统的现代转化 …………………………… （137）
儒家的现阶段发展 ……………………………… （166）
传统文化与中国现实
　　——有关在中国大陆推展儒学的访谈 ………（200）

再版序

这本书所收的 31 篇曾以"西樵偶语"发表的散文和 4 次访谈记录,都是 1983—1985 年在哈佛任教时吐露的心声。由台北联经出版事业公司刊行时署名是《儒家自我意识的反思》。贯穿着看似相对独立乃至毫无关系的短文的哲学思路是如何通过"习礼"来培养"体知"的能力。《论语》里孔子回答颜渊问"仁"时,有"非礼勿视,非礼勿听,非礼勿言,非礼勿动"的教诲。我的解读是,生活世界中一言一行举手投足都是学习做人的机缘。学问要在心上做也要在身上做。脑力运动固然重要,佛家所谓"常惺惺"则指向一个更宽广的意义世界。庄子所谓无处不是道和犹太一位长老要求学生当下体认"神圣"的教言可以互证。我正在写作,写作当然是神圣的,但是如果我正在系鞋带、刷牙、打扫卫生,那么那些行为也都是神圣的。在儒家论域中做出巨大贡献的 Herbert Fingarette 即把孔子定义为"以凡俗为神圣"的大哲。"礼"在儒家思想中是属于"伦理"的范畴,但礼的字源虽来自宗教仪式,它的表现却有美学的含义。日本著名哲学家今道友信曾建议我从美学的观点诠释《论语》,特别是"乡党"一章。他说在学生的眼里孔子的视听言动都是艺术人生的化境。这样去看孔子才能知道他的人格魅力不在道德说教而在春风化雨,在身教而非言教。礼教常和乐教相提并论,儒家政治理想常用"礼乐教化"来表述这个道理。

在本书散文中我提到"百寿人瑞"萧老太、凯斯特波伯爵夫人和王尚义,也提到法国哲学家利科、俄罗斯汉学家陆彬和美国"公共知识分子"贝拉,以及当代大儒熊十力、唐君毅和徐复观。我表示了对美国三校(普林斯顿、伯克利和哈佛)和我"共商旧学,共探新知"的研究生的感激之情。我在散文中触及了视觉、听觉、味觉、嗅觉和其他各种感觉。我也点到了儒学第三期发展必然面对的同时必须因应的挑战:女性主义、人权运动、民主政治、公民社会和市场经济。在访谈中,我表达了一种信念。冯契所说的"古今中西"之争的时代已经过去了。新的考验是,在迈进"新轴心文明"的阶段,东亚现代性中的儒家传统如何展现其与时俱进的创造力,在文化中国现代转化的过程中具有儒家特色的经济、政治、社会和文化制度如何继续不断地发挥转世而不为世转的威信,乃至面向21世纪儒家的"精神人文主义"(Spiritual Humanism,印度哲学家Balasubramanian语),如何通过文明对话,在容忍、承认、尊重、互相参照、互相学习、庆幸差异的和谐心态中促进世界新秩序的重建。

1980年的初夏,我和陈荣捷老先生在意大利的科目湖(Lake Como)畅谈。他劝我放弃英文写作,减少开会、讲学和国际交流,投入三年,用中文写一本以考据为基础的学术专书。然后每年发表论文两篇,五年出书一册。他说如此奋斗二十年,必然成为学问大家。使我感到惊讶的是他的自况:如果他再有四十不惑之年选择学术路线的话,他不会为数以千计的美国学生用英文写 *A Source Book in Chinese Philosophy*,而会用中文写一本只有三五位哲学同道充分认可的讨论朱熹思想的专书——这才是学术成就。他坦率陈词,六十多年在美国传道授业解惑,发表了数百篇论文,演讲多达千次,但心灵深处并没有真正的满足感。最近到台湾,特别是"中央研究院",和同行论学才真正感受到从事有知音回应的学术研究是多么幸运,多么愉悦。他的忠告对我的触动极大。我感谢他的爱护和关怀。我觉得他对我有很高的期待也有根深的忧虑。他所指点的道路是学术界的正途。我既已经走上了学术之旅,在世界顶级的学府任职,从事教研当然是我的本业。陈老先生的建议合情合理而且的确可行。

不过,我诚实地表示了不能接受他忠告的苦心。我的学术事业在广袤的神州大地乃至国际学坛,不只在宝岛。我必须绕道纽

现龙在田:在康桥耕耘儒学论述的抉择(1983—1985)

约、巴黎、东京和汉城才能回家。我不能也不愿走法国汉学和乾嘉朴学的路,我的儒家之道随时随地激励我,使我不得不和世界各地体现轴心文明的大师大德交流、讨论、辩难和对话。会议、演讲、面谈和访问是我以学习为精神磨练所不可或缺的功课。当然,我深知"笔耕凝道"是关键。如果不能用一笔一画形成文字,空口腾说的观点只不过是没有血肉的意见,无法落实为确有意蕴的思想。不过,我坚信有历史意义的思想绝不是主观的臆度,也不是个人的私产。正相反,它必然能够感动一群人融汇成一股具有群体性和批判性的自我意识。

在我的学思之旅中,1978年9月随美国海洋学代表团访问中华人民共和国应是头等大事。1957年我为了学习儒家而考进台湾的东海大学之后,特别是1962年开始在哈佛大学研究期间,我最期盼的是和大陆的知识人交流,亲身体究儒学在神州大地发展的前景。清晰记得,与友人魏斐德和向纳在基辛格秘密访华的信息披露的当晚因为确信前往北京论学的机会不远了而喝得酩酊大醉。不过,70年代初期,在艾思本人文中心当任职于可口可乐的友人代表公司提出优厚条件要求我走访香港和大陆时,我断然拒绝了。我没有观光,更不必说什么寻找商机的兴趣。但如果有任何可能性和中国的学术界接触则我会全力以赴。随海洋学代表团访华期间,对我而言最难忘的是在北京停留的那一个星期。我以

再版序

美国海洋学代表团成员身份在刚成立不久的北京市历史学会发表了以"郑和下西洋的历史意义"为题的大型演讲,向"文革"以后 77 和 78 两级大学生介绍韦伯关注经济文化中"价值取向"的分析方法。更难得的是当我告知团长由余英时率领的美国汉代研究代表团正好也在北京活动的消息后,他便主动鼓励我全程参加他们的活动。由此我便成为包括张光直、Derk Bodde 和 Jack Dull 在内的美国科学院汉代研究代表团的成员,和他们一起访问了北京大学、北京图书馆和马王堆研究小组。能够见到在中学便已读过的《文艺心理学》的作者朱光潜,感到非常荣幸。我记得清清楚楚,当张政烺先生在和马王堆研究小组的座谈会中宣称只向美国专家提供有科学价值的出土文献时,我立即要求先介绍一下没有科学价值的资料,否则就会与"五星占"和"导引图"之类珍贵文物失之交臂了。

1978 年初次涉足青岛、北京、武汉、杭州,又重游曾上过小学的上海和广州,我深感必须回国学习,真实体验"中国文化"的现状,即使三五个月一补"旧学荒疏"的命运也是权宜之计。想起钢琴大家鲁宾斯坦,已届不惑之年声誉正隆之际,一位资深的音乐老师坦诚告诫:"你大可一帆风顺享誉全世界,不过如果你真想更上一层楼在历史上也占一席之地,那就必须彻底改变指法,从头起步。"经过了痛苦的挣扎,鲁宾斯坦决定从最基本的练习曲开始,

现龙在田:在康桥耕耘儒学论述的抉择(1983—1985)

像小学生一样分秒必争地奋斗五年之久,才重新走上钢琴演奏的正途。我第一次聆听他的演出是在普林斯顿,那时他已逾八十。成为20世纪最伟大的演奏家岂是偶然。1980年我获得美国国家科学院"中美学术交流委员会"(Committee on Scholarly Communication with the People's Republic of China, CSCPRC)首批"资深学人交换计划"的奖助在北京师范大学"进修"时,向白寿彝、何兹全、刘家和请益,上赵光贤为两位研究生开设的《尚书》导读,几乎每天都和77、78及79三级本科生少则一人多则十余人论学。1983年我在北京大学参加了汤用彤百年冥寿的学术会议并以内宾身份参加了在西安杨虎城故居举行的"哲学史和思想史"比较研究的座谈。那时与张岱年、冯契、王元化、李慎之、李泽厚、包遵信、朱维铮、庞朴、萧萐父、沈善洪、汤一介、乐黛云和余敦康都已成为忘年交或直谅多闻的益友。1985年我以富布赖特研究教授的名义在北京大学讲授儒家哲学。这是继梁漱溟1923年以来的第一次。那年,"文化书院"凝聚了一批包括梁漱溟、张岱年和冯友兰在内的学者开设传统文史哲的大型讲座。最难忘的一幕是参加在北京国子监举行的"中华孔子学会"成立大会。我有幸和张申府、杜任之、冯友兰、任继愈、梁漱溟和张岱年等年逾八旬的长者,一起在开幕式发言,就好像和五四运动期间第一代儒者同席论道。这使我想起,除了熊十力和马一浮之外,儒学复兴的大师大德,包括张君劢、梁漱溟、贺麟、冯友兰、钱穆和方东美,我都有面对面亲聆教诲的体验。

在哈佛任教的头五年,因为已有深厚的"祖国经验",我筹划教学、研究、行政和公共事务的问题意识便和普林斯顿以及伯克利时代大不相同。我关怀和研究的范围是包括大陆、台湾、香港、澳门、新加坡及海外华人在内的"文化中国"而不是狭隘的地理、族群或政治定义下的政治中国。我所了解的儒家不只是华夏民族的文化传统而是包括越南、朝鲜、韩国和日本在内的"儒家文化圈"或"The Confucian cultural area"。据说日本儒者岛田虔次"文革"期间曾在北大宣称,"如果贵国学者彻底扬弃儒家,我们京都的儒学研究员要加倍努力!"他是否如此说不得而知,但这种感慨一定会获得韩国、日本、中国香港、中国台湾和全球海外华人的共鸣。一个难忘的印象是汉朝研究代表团访问北京大学后,我和 Derk Bodde 同车,他黯然神伤地说没有见到恩师冯友兰也好,否别怎么忍心问他为什么写出《论孔丘》这种书来!

我一再强调"建立自我的体上功夫"是有感而发的体之于身的真知。对一个扎根儒家身心性命之教而从事哲学工作的知识人来说,头等大事是建立自由独立的人格。我提出"体知"的哲学命题与其说是突然涌现的灵感还不如说是长年苦思默想所凝集而成的心得。Michael Polayni 的"自我知识"(personal knowledge)和梅

现龙在田：在康桥耕耘儒学论述的抉择(1983—1985)

洛-庞蒂(Merleau-Ponty)的身体哲学对我有很有启发，但如果不是一再追问儒门的哲学反思为什么必须扣紧自我之类的课题而获得坚实的自知之明，外来的助缘未必即能受用。视听言动是身体的行为但又都是心灵的活动。我个人既因性向使然又因后天陶养对音乐有偏好尤其爱好弦乐四重奏。每次聆听《朱丽叶弦乐四重奏》和贝多芬的晚期作品如 Op. 131 便有美感经验之最的愉悦。不过观画，尤其是文人的山水画如倪瓒、赵孟頫、文征明、董其昌及道济也是我的至爱。参观美术馆，像台北的故宫，波士顿的 Fine Arts，纽约的大都会，伦敦的大英博物馆，和巴黎的卢浮宫便是我在海外重温"中国艺术精神"的道场。可是应对、交谈、餐会、酒会以及各种祭奠也都是"习礼"的场域。如果把举手投足的肢体活动都融入哲学的反思，"做哲学"就不只是孤立绝缘摒弃一切独处斗室的脑力运动而已了。平时对外诱(钱财名利色欲)悉心检索，对发自内心的"喜怒哀乐"又不断调节，便会逐渐增加自我认识的能力和智慧。

从伯克利回到哈佛正逢不惑之年，但在我生命旅途中则是转变巨大的关头。从儒学研究的大方向看，我的确已经达到了"不动心"的境地。可是"身心性命之学"毕竟是"为己"而非"为人"。1982 年大手术之后至少有两个月不能轻易下床。我重读"四书"，发现几乎每个字都很生疏，连已经写成学术论文的观点也好像认不得了，异化感极强。心灵深处只有默默自勉：重新学步慢行是唯一的选择。那时想起熊十力、唐君毅和徐复观的存在考验：如何在虚伪、卑鄙、无力、无理、无气的中华大地上播种儒门的善种？他们心里明白自己并非高人一等的精英；没有政治权威，没有经济实力，也没有社会资本。他们也知道只靠心中的悲愿是无济于事的。不过，他们的文化自觉虽然不来自上天所赐的灵感，也不来自个人的顿悟，却是数代人共同努力的结果，是一种既有群体性又有批判性的"自我意识"。王阳明曾说过在和湛甘泉订交之前，一个人孤军奋斗传承孔孟之道，非常辛苦，几乎无法坚持下去，可是有了一位同心之友互相提携便觉信心大增无往而不利了。俄罗斯科学院的犹太学者陆彬（Vitali Rubin）是一位从未谋面的知音。他对我最大的鼓励是验证了陆象山所谓"人同此心，心同此理"的跨文化沟通。固然，这不是什么有客观基础的科学实证，但是当我发现他在一个完全不同的政治环境、文化氛围和意义世界里穷尽毕生之力研究儒家的理想人格，所采取的诠释道路与我竟如此相似，而所得到的结论竟又如此一致，一种"得我心之所同然"的愉悦不觉油然而生。

我决定把这本书献给狄百瑞。他是当今美国学术界东亚儒学研究的祭酒。在他出道之前，美国学术界中国研究的领军人物，如哈佛的费正清和耶鲁的芮沃寿（Arthur Wright）已经非常重视儒家传统在中国历史中的地位。比如美国人文学界最有代表性的联合委员会(American Council of Learned Societies, ACLS)就资助过五本专门讨论儒家的论文集。但多半从政治学、社会学、人类学和历史学的角度来分析儒家的制度、理念和人物,几乎没有触及宋元明清时代塑造儒家论域的思想家的哲学或心灵世界。狄百瑞和陈荣捷密切合作,有系统、有策略地发展全面而深入的儒家思想研究。首先他把日本的冈田武彦,香港的唐君毅,和澳洲的柳存仁请到哥伦比亚大学组织明代思想研讨会。接着他召开一系列的国际学术会议,编纂传记,形成研究团队,培养博士后及博士生。经过半个世纪继续不断的努力,不仅宋元明清主要的儒学思想家,朝鲜、日本和越南的大儒也都成为他研究的对象。业已超过90岁的狄百瑞,至今笔耕不辍,还不放弃为本科生讲授儒家经典的权利和义务。他是我的良师益友,也是21世纪儒学复兴的典范人物。

2013年2月14日
伯克利山庄

前　言

《三年的畜艾》(志文出版社,1970年;本次再版书名改为《龙鹰之旅:从哈佛回归东海的认同和感悟(1966—1970)》——编者注)宣泄了20世纪60年代旅美求学的情怀,《人文心灵的震荡》(时报书系,1976年;本次再版书名改为《迈进自由之门的儒家:伯克利十年(1971—1981)》——编者注)吐露了20世纪70年代浅尝施教滋味的感触。这里所收的是20世纪80年代初期主动自觉地为儒学创造生机所作的反思。

其实,30多年前在建国中学读书的时期,就因受周文杰老师的启蒙,而有志于儒学探究;1957年考进东海大学,跟随牟宗三及徐复观两位老师一窥孔孟堂奥,也是为成全这意趣而作的存在抉择。可是,在北美求学任教的28年,虽然童心未泯,所走的思想道路却很曲折。

《儒学第三期发展的前景问题》(联经,1989年)刊行之后,面临海内外各种论说的挑战,笔者开发传统的精神资源,让儒家的源头活水流向世界的意愿更强,而且更迫切地感到重新认识和了解儒家是为"文化中国"创造崭新的价值领域所不可或缺的思想事业。在这种心境里校读以"西樵偶语"为标签的 30 篇文字,便觉得每篇都只点题而已,都有重新起步"详为之说",以阐明主旨的必要。但既然是副刊短篇,点题的笔法是难免的。在这里我只希望读者谅解:设法从有限的文字去捕捉那多元多样但又坚守凝定的自我意识吧!

"儒学访谈"所收的四篇,因为是根据对话的实录,而且通过删节或摘要的形式见诸海峡两岸的报章杂志,应该算是"儒学论说"(Confucian discourse)的公产了。不过,必须申明,"访谈"是严肃的课题;即使空口腾说不必像笔耕那样句句皆辛苦,其困难度却常常超过书写文字,因为出口的声浪必须经过"入人耳"而且还能"心通"之后才成为真正的信息。让自己珍爱的信息通过知音者的"听德"传播给广庭大众不仅要靠信念,也要有几分勇气。我希望读者正视"访谈"所提出的构想,充分利用这份公产并积极参与论说。

西樵偶语

从认识、了解到批评、创造

最近常在报章杂志上看到"创造转化"这个醒目的名词。在美国的重点大学中,加州的伯克利是特别强调创造性的高等教育机构之一。伯克利的研究成绩不仅数量可观,而且常常有崭新的见地。和美国东岸传统深厚的学府相比,伯克利因为敢想敢做,往往出奇制胜,在尖端科技方面傲视群伦。然而,真能持久的创见绝非一时灵感所导致的突破;过分夸张独创的重要性,有时反而会斫丧引发洞见的真机。在伯克利任教的10年中,我亲炙过好几位神解卓特的师友之间的人物,但也接触到不少自己以为前无古人,其实不过靠廉价的怪论来提高个人声誉的投机分子。

落实地说,创造转化是站在文化思想巨人的肩膀上,把探索真理的视野更加扩展所作的一种努力。这种努力是以知己知彼的形式表现出来的,和不顾学术及知识界已经达到的水准而自己闭门造车的做法大不相同。因此,体现创造精神,发挥在前人的基础上更进一层的转化功能,必须从认识自己和了解对象两处起步。

"认识自己"是苏格拉底和孔子都重视的教学宗旨。苏格拉底以理性作用的阐明为训练学生的权法和孔子由德教启发后进的潜移默化代表轴心时代两种精神取向歧异而自成体系的思想,不过他们主张为己之学的意愿却是相通的。对自己有深刻的认识并不容易;要想达到自知之明的境地,更需要长期不断的反省。这种应该在自家身心上贴切用功的学问是终身大事,比获得一技之长要难得多。可是,如果连认识自己的意愿都没有,那么在起步处就有偏差,将来即使侥幸有所建树,根基不坚固的危险则永远不能去除,更谈不上什么创造的转化了。

有了认识自己的能力,还须培养了解对象的工夫。这就牵涉到如何奋勉精进,以开放的心灵自勉自励的问题了。专靠骇人听闻的怪论来抬高身价的趋时者,常患律己甚宽而责人极苛的通病。他们在宣扬自己的观点时气势颇为雄壮,好像有一股真理都在这里荡漾的信念;到了抨击不太合口味的学说时,却摇身一变成为挑剔的能手,坚持论敌一无是处的立场。他们多半能说善道,但却和听的艺术了无关涉。在伯克利时,一位专攻日本思想史的同事曾对我说,要想评断一个知识分子是否拥有开放的心灵,最好的测验是看他对自己所厌恶的思潮有没有听的耐心。其实,在我所接触的同事中,有些连听的意愿和能力都丧失了,还说什么耐心!

了解对象不是以自己主观的限制,对选定为目标的人物或思想作无理的要求。美国学术界对所谓强人策略,也就是虚构敌人的幼稚可笑,以显示自己的威风,已有警觉。如果一个学人宁愿采取这种无法提升智性交通的下策,明眼人一望即知,而且多半只从特殊心理的层次去理会,绝不轻易辩解,免得每况愈下成为莎翁所谓"全是音响和愤怒,毫无所指"的混乱。另一种借题发挥的策略,也可作为不能或不愿了解对象的例证。我曾深受其苦,不妨把自己的经验提供大家参考。加州大学出版社在1976年刊行了我所写的专门分析阳明少年时代的论文。在那本不到200页的小书里,我明确地指出研究阳明"知行合一"这一观念的哲学心理背景是我撰稿的目的所在。一位兴致勃勃的读者写了一篇数千言的书评,完全不顾我的立言宗旨,更不讨论我运思途径的得失,却把他自己积年累月想要倾吐的学术意见和盘托出。编者要我回应,我拒绝了,但心里不免有些哑巴吃黄连的滋味。

其实,认识自己和了解对象是相辅相成的两条管道,都是滋养开放心灵不可或缺的命脉。儒家所说的己欲立而立人,不仅表示成人之美的恕道,也是为了尽己的忠道而发。换句话说,我们不只是为了体谅别人才提出了解对象的价值。为了认识自己,为了深刻地认识自己,我们也应当培养听的艺术,让我们能够恰如其分地了解对象,以作为自知的借鉴。只有如此,我们才能以不亢不卑的心态跨向既能批判也能创造的康庄大道。

1983 年 7 月 24 日

一阳来复

阳春三月的康桥仍带几分寒意,但坚冰封雪的冬季总算消亡殆尽了,使我体味到《易经》里"一阳来复"所显示的精神状态。我想重病后的复元,大难后的戒惧,没有被长期困境打倒而获得的一线新希望,忍受了万古长夜终于见到了曙光,都可以说是这种精神状态的体现。

严冬后的春阳特别和煦可爱,这是享尽亚热带气候的人所不能领会的滋味。当那温而不热、明而不亮的阳光突然拥抱全身的片刻,由衷的喜悦油然而生,真是惬意。这种喜悦好像是以前习以为常,但因为是太久的以前,又好像是早已失落的,也就有似曾相识的新鲜感。除了那些在雪夜里忍着饥寒赶路回家,或在零下20度、雪积三尺的黎明前起身出门清除路面的人之外,又有谁真能领会呢?

如果说只有失去以后而又获得的经验才弥觉珍贵,那么春阳的和煦可爱,是一扫冬藏几达四个月之久的封闭心理而自然呈现的快感。动了大手术之后第一次下床,也许寸步难行,但兴奋之情可想而知;黑暗中搜索前进,突然见得一丝光明,那种像噩梦初醒原来只在这里的放心之感,也是大家可以自知自证的。

不必否认,是3月的春阳才那么和煦可爱,四个月之后到了为酷暑所苦而向往秋高气爽的季节,这可爱的春阳恐怕也就变成那可恨的烈日了。

人就是那么脆弱,冷不得也热不得,冷了会僵直,热了会昏倒。如果常住不冷不热的人间天堂,习惯成自然,难免也会疏懒。可是就在这一阳来复的佳节,我们的感性增强了,悟性提高了,即使昏聩终日,总也觉得有几分灵性在跃动着。这是值得珍惜的初机。

1984 年 4 月 21 日

建立自我的体上工夫

十多年前我曾提出一个"建立自我"的看法。我相信建立自己的人格尊严,是为服务社会的理想作心理和知识的准备工作。没有这层宋明儒学家所谓的"体上工夫",也就是通过自觉反省而领会"真我"意向的工夫,服务社会的理想难免会变成孔子在《论语》里所批评的"今之学者为人"的格套。

表面上,"为人之学"显示强烈的社会关切。这种求学的态度初看起来比带有浓厚个人主义色彩的"为己之学"要高明得多。根据这个观点,近年流行的口号,如"为人民服务",虽曾被人利用,作为幌子标榜自己,或作为其他的工具,但这只是人病而非法病。归根究底,为大众的福利而牺牲小我的群体精神总是值得赞扬的。但是我们如果作进一步的理解,为人之学破绽百出,而和肤浅的自我中心主义背道而驰的为己之学,则确有深意。"为人"固然是美事,但我们如果把"为人"的动机从何而来,行为的规范以

现龙在田:在康桥耕耘儒学论述的抉择(1983—1985)

何为准,最终的目标向何而去这类问题都加以分疏,就不难察觉:不立基于"体上工夫"的"为人",常会是虚脱外在乃至私欲横流的表现。我用了"虚脱外在"和"私欲横流"两个批判性很强的词语,颇有道学家责备人的口吻。其实,如果举例说明,这个现象显而易见,绝不是空泛的说教。在传统中国以及现代东亚的社会里,为人之学最突出的表现即是为父母、师长、亲友及社会而读书求学,因此,读书求学的经验无法进入自己的生命之中,不能在自己的心灵深处引发共鸣,只不过停留在浮光掠影的层次而已。用流行的语言来说:读书求学仅是由于外面的压力而不是为了自己的人格修养和学术进境。不从建立自我下手,即表示心中没有主人翁的照管。这种毫无定力的心态,哪里能抵挡得住社会上升学主义之类积习的压迫和诱惑?结果一生作客,逢迎外来千变万化的时风而已。

更有甚者,在政坛上,有些人不但坠入虚脱外在的格套,还假借"为人"之名行一己之私。明明是私欲横流,还自居民族英雄,想以"气魄承当"的魔力扭转乾坤。同样地,在学术界也有些人连"破私"的起码工夫都不肯下,就想跻登历史文化的大殿作狮子吼。这种狂妄之徒,弄得自己身败名裂、众叛亲离还是小事,家国天下的元气因为他们的蛮干而受伤害才是值得痛心惋惜的大事。可见我所提出的问题不是腐儒的三家村说教,而是联系民族存亡和文化兴衰的大关头。

我坚持"体上工夫"的重要性,并不表示这仅是个人内在和社会现实绝然分割的精神世界,也不表示心理建设可以脱离政治、经济和客观的文化活动而独存。我只想指出,在消费主义、趋时风尚和权威思想大行其道的时代,真有学术文化理想的知识分子,千万不要忘记中国哲学思想里的无尽藏——如何堂堂正正做人的道理。这个道理,不假外求,端视自己的存在抉择而定。

1982 年 9 月 4 日

该学哪一样

一位关心家国天下事的新加坡知识分子,寄来他用笔名发表的短诗一首:

"老师,
为什么有人养大象来做工,
不也养狗熊来做工?"
"孩子呀,
那是因为大象禀性驯善,
狗熊太凶恶。"

"老师,
为什么有人养绵羊杀来吃,
不也养狐狸杀来吃?"

"孩子呀,
那是因为绵羊性格憨直,
狐狸太聪明。"

"老师,
为什么有人养水牛来做工,
也杀来吃,
不也养花豹做工也杀来吃?"
"孩子呀,
那是因为水牛驯善又憨直,花豹凶恶又聪明。"

"老师,
那么,我将来长大之后,
应该学哪一样呢?"
"哦,这个,这个……"

这篇题名为《该学哪一样》的短诗,当然不是无的放矢。我们如果要教导孩子们养成大象的驯善、绵羊的憨直乃至水牛的驯善又憨直,我们应当怎样去理解优胜劣败、适者生存的进化伦理呢?我们如果要提醒大家认识狗熊的凶恶、狐狸的聪明和花豹的既凶恶又聪明,我们对文明礼让、克己恕人的儒家道德,又应怎样去体究呢?

工业化的亚洲地区,如日本、中国台湾、韩国、中国香港及新加坡,近年来所表现的企业精神,到底是大象、绵羊和水牛的傻劲?还是狗熊、狐狸和花豹的狡黠?抑或是这两种表面上不相容的行为模式的巧妙配合?见仁见智,大概不会有什么定论。

固然,工业亚洲目前在国际市场竞争所占的优势,和第二次世界大战以后东亚社会的不安全感有密切的关系。新加坡和中国香港的危机心理不待说,即使多少因韩战和越战的外缘而跻登工业大国之林的日本,也和强烈的"时不我与"的震撼有关。可是,以傻劲和狡黠应付外来的挑战,还需要文化精神的后援,这就不得不归功于祖宗的阴德了。

东亚社会受儒家道德影响极深,不论自我修养、社会伦常和政治。操守——也就是日本人所谓"义理人情"所指涉的范畴,都和孔孟之道结了不解之缘。有不少学者详析儒家的价值取向曾阻碍了中、日、韩三大儒家地区独立自主地发展出一套类似西方以资本主义为核心的工业文明,但放眼21世纪,谁又能断言由儒家道德为基石的东亚,不能开拓出一个既驯善又憨直而且能够转化凶恶为大勇、聪明为智慧的人文世界!

1983年7月2日

沉　默

有"道可道非常道"的沉默,有"欲辨已忘言"的沉默,也有"此时无声胜有声"的沉默。体道真切的人,心知其意,不必诉诸语言文字,就可通过身教来传达信息。保持沉默并非故弄玄虚,而是唯一既合情又合理的方便善巧。也就是说,在体道的层次,最适当的交通必须不落言诠而能在没有表意音符的干扰之下进行。因为只要让可以言说的知解掺杂其中,就会导致远离"常道"的结果。不说话并非无话可说,而是只要一开尊口就会得不偿失。

潇洒脱俗的人,没有斤斤计较的兴趣和意愿。他们"好读书不求甚解",不肯浪费时间深求文字背后的微言大义;他们"采菊东篱下,悠然见南山"地和自然界完全打成一片,呈现出到处都是天机活泼的境地。他们连文化价值也弃之不顾,哪有闲情和咬文嚼字的学究打交道?

对"知音"一义体会深刻的都能了解,人性至情至性的流露绝不是舞文弄墨、在热闹场中讨生活的文士可以捕捉得到的。钟子期弃世之后,伯牙再也不拨弄他那能使"六马仰秣"的宝琴了。人生难得一知己。友情的孕育要经过多少次面对面的谈心。从认识到了解,到神会,确是一个漫长的对话历程。但是,朋友之间有了透体通明的默契,无言的会心一笑就能把关切祝福的意愿表露无遗,语言文字有时反而变成累赘。

沉默不仅是措心于"为道日损"的人必须培育的智慧,也是独立人格对治"祸从口出"的良方。的确,如果我们珍惜人与人之间的心领神会,沉默常是不可或缺的沟通艺术。

1986 年 2 月 2 日

观画断想

我对西洋绘画艺术从来没有下过研读的工夫,因为种种机缘却欣赏了许多好画,聆听过不少精彩的画论。这种像进大观园的刘姥姥所谓"虽然没有吃过猪肉至少也见过猪走路"的片面知识,居然给我带来了漫谈视觉艺术的信心,我自己也不知何故。

或许去年在苏黎世碰上了马蒂斯(H. Matisse)的回顾展,在巴黎的卢浮宫和伦敦的大英博物馆浏览了数十间画廊,今年又赶上纽约大都会博物馆为纪念马奈(Edouard Manet)逝世100年的特展,加上经常参观华府的国家画廊和波士顿的美术馆,这些耳濡目染的经验使得我对塞尚、梵高、高更、毕加索甚至对挪威的蒙克(E. Munch)、法国的德兰(A. Derain),和移居美国的蒙德里安(P. Mondrian)都渐渐有些亲切之感,即使还没有取得发言的资格,也想野人献曝一番了。

我对印象派以后的西画动态所知甚少,直接照面的体会却很

现龙在田:在康桥耕耘儒学论述的抉择(1983—1985)

多。每次置身20世纪大师的名画之前,总被其色彩的光辉、线条的粗犷、布局的精巧和质地的复杂所吸引,因此徘徊关注不忍离去。其实,蒙克的色彩并不光辉,那幅题名为《呐喊》的暗红落日不仅不鲜艳夺目,而且带着一层又一层的灰黑。据说蒙克想反映的不是无限好的夕阳,而是现代人的困境。蒙德里安的线条当然不能说粗犷。他对直线、纯色和方形的喜爱众所周知,但又有谁真能理解他逝世前不久的心情:想以极细致的线条配合由红黄绿白等色所构成的小方块来体现爵士乐的节奏感? 1975年,一位鼎力推动流行艺术的鲍尔先生(J. Powell)曾送给我一幅有利希滕斯坦(R. Lichtenstein)亲笔签名的石印。当时我对他以放大卡通美女为艺术的手法一笑置之而已,现在看多了琼斯(Jasper Johns)以北美地图和美国国旗、沃霍尔(Andy Warhol)以玛丽莲·梦露为对象的流行艺术,利希滕斯坦好像已有古典意味了。不过我还是比较欣赏波洛克(J. Pollock)的粗犷和克利(P. Klee)的原始。

　　说到粗犷,我还是觉得马瑟韦尔(Motherwell)较善于表现粗厚的线条,而莱因哈特(Ad. Reinhardt)的全黑大画才可以说是够旷达的了。毕加索和马蒂斯都擅长刻画现代人的原始野趣。相形之下,高更的初民裸女反而显得宁静、安详而斯文了。有人说马奈是印象派的先驱。他的《草地上的午餐》《短笛手》《福利·贝尔热酒吧》《铁路》以及用莫里索(B. Morisot)的造型为主题的肖像,处处表现出色彩(特别是浓黑色)的感染力。马奈对颜色和结构的敏感虽然不及某些20世纪的现代画家,但他勇于突破俗套的志趣以及对其同时代墨守成规的经院画士一再提出挑战的勇气,正是现代精神的特色。德兰的《浴女》今天看来,无论结构、色彩、线条都极悦目,当时一定也引起不少争议。

去年在苏黎世欣赏马蒂斯回顾展时,德国海德堡大学的艺术史教授谢克特别提醒我注意他如何承先启后的痕迹。如果不是把马大师早期的摸索和晚年的定见按时序先后在同一空间展出,我们怎能想像以蓝色剪纸捕捉少女舞姿的野兽派健将,竟也曾在油画人物肖像方面下过一番苦功?毕加索的回顾展我没有机会品尝,从专集中可以略窥这位现代画的导师,如何突破限制、超越自我的真消息。从纽约现代美术馆珍藏的毕老手稿中,我们更可以看出这位雄视古今的现代画元老,在线条艺术上拥有多么深厚的学养。譬如他在刻画西班牙内战一幅大画上所下的功夫,真可媲美贝多芬在苦参命运交响乐如何起句时为了几个音符所花的精力。现代美术馆拥有一幅米罗(J. Miro)的成名作,初看简直杂乱无章,像是信手拈来的一大堆没有任何内在关系的散离形象,如果不是专家指点,我们很难想象,这其实是米罗精研中世纪名家神品的结果。换句话说,我们原先以为只是米罗随兴之所至而勾出的主观遐思,竟是他通过对一幅古典名画一丝不苟地详加分析之后所作出的现代诠释,甚至可以说是他针对古典大师所留下的成绩所作出的委婉的临摹。

固然,20世纪的艺坛高人如果没有相识者的提携、画廊的青睐或同好的鼓励,连吃饭问题都不易解决,很难在同侪中脱颖而出,更不必说什么精益求精了。但是支援他们,促使他们成为大画家的源头活水却是自发的、自动的,好像一种不能止息的动力鼓舞着他们用手、用眼、用全部身心去画,去创造。

1983年10月16日

听的艺术

如果视觉是以掌握空间的形象为特征,那么听觉所感受的经验,必须在时间的流转中体现。眼睛和耳朵都是和外界接触不可或缺的通道,但它们的结构和功能却大不相同。据说道术很高的人物,可以用眼睛来听,通过耳朵来看。不过,这种本领我们一般人只能意会而无法品尝其中的真滋味。耳目在感觉经验上的歧异,是我们很容易察觉的生理现象。

和眼睛相比,耳朵好像有些笨拙。眼睛可以随着我们的意愿张闭自如——我们可以望穿秋水地期待自己想亲近的人,也可以不屑一顾自己所厌恶的对象。我们可以用眼睛传达或表现各种内心的感情:愤怒、喜悦、悲哀、快乐、爱恋、憎恶和贪婪的消息都可以通过灵魂的窗子透露出来。相形之下,耳朵就显得冥顽不灵了。狗还可以竖起双耳以达到倾听的目的。即使有些人可以通过训练,通过耳朵的移动作出滑稽的形象,但我们大家对自己的听觉器官是无能为力的。

不过,声音的接纳可以普及四面八方,视觉因为有方向的限制,必须偏于一隅。如果我们要看其他地方的东西,我们的身体非得先扭转定位才可达到预期的效果。正因为视觉较具主动性,中文即有"目击"之类的词汇。好像要看见什么东西需要先把自己的视线外投,等到触及固定的对象之后,再把它摄入眼帘之中,否则也许只停留在视而不见的摸索阶段。视觉比听觉较具侵略性,是大家都能领会的普通常识。怒目而视不必经过什么训练就可学会,用耳朵来表态那就困难重重了!

美国有位饱学之士,曾用视、听两种感官经验来分析希腊及犹太这两支在西方历史中价值异趣的文化传统。希腊文化固然强调听的艺术,如音乐、舞蹈、诗歌之属,但其特色好像在视觉感官方面表现得更为突出。以线条美著称的几何图形、神殿建筑和人体石雕,处处都体现了希腊哲人、先知和艺术家对静态形象的重视。以《圣经·旧约》所象征的犹太文化,固然也不忽视显圣的形象,如摩西见到大树无端着火的奇迹,但上帝的意旨则多半是通过声音传达的。《创世记》以"太初有道"起句,这个"道"字在原始希伯来文中就拥有音响的含义。

那么古代中国又如何呢?比较周全的策略当然是坚持目明耳聪双管齐下的想法。但是如果进一步去推敲,又好像两者并不完全占据同等的地位,其中确有高下深浅之分。譬如人格发展最高峰的"聖"字,即以耳为根;孔子陶醉雅乐之中,而有三月不知肉味的美感经验;最近出土的战国编钟、琴瑟箫笛等精品,这都显示还在先秦时代,听的艺术已有极高的造诣。孔子自称六十而耳顺,有些学者因不懂"听德"在儒学中的地位,竟有认为"耳"字是衍文的(也就是说"耳"是因为错简关系而变成多余出来的一个字,原文应是"六十而顺")。

中国思想家重视听的艺术,在庄子"无听之以耳,而听之以心;无听之以心,而听之以气"的启示中表现得特别精彩。记得二十多年前在东海大学选修通才教育人文课的时候,一位从菲律宾前来执教的音乐家,曾私下指点欣赏小提琴演奏的一些诀窍。经他教导之后,又经过一番直接体味的经验,我开始对弦乐四重奏发生兴趣。积年累月,聆听室内乐,特别是贝多芬的晚期四重奏,便成为我欣赏古典音乐的至乐。近年来因结识朱丽亚四重弦乐团首席小提琴家罗勃·曼(R. Mann),更获得一些直接参与行家们现身说法的机缘。就根据我自己这点片面的体会,听之以耳、以心、以气,的确代表三种层次不同的听的艺术。只有听之以气(在此处也可说是听之以"神"),才真能达到情景交融的化境。这种境地虽然不可多得,但即使领会片刻,也自然有心旷神怡的感受。

本来写这篇文字只想指出因为听觉所感受的经验,必须在时间的流转中体现。培养听觉的第一步是训练自己获得起码的耐性,先听清楚对方在说些什么,只有如此才能达到声入心通的层次。如果我们跳不出张皇做作的心理,抱着争胜的态度姑妄听之,那么也许连听的能力也丧失殆尽,更不必谈什么听的艺术了。

1984 年 9 月 25 日

从祭祀涌现的艺术

——正餐酒会

哈佛大学的福格（Fogg）美术馆为了扩大纪念赛克勒（Arthur M. Sackler）特藏的商周铜器，特别举办一个展出盛会。一连举行了三项节目：5月13日星期五晚上7点由"福格之友"（Friends of the Fogg）招待正餐，当晚8时半由大学举办香槟酒会，次日由"赛克勒基金会"赞助学术座谈。先谈谈前两项较轻松的节目。

我们到达昆乃17号（以前是校长公馆，20世纪60年代改为招待所，是新英格兰典型的豪华砖房）才7时5分，已有八九位盛装的来宾在内高谈阔论了。因为请帖上注明是"黑领带"（black tie）——即正式礼服的代号，男士都是黑白二分，女士们则争奇斗艳，反映了纽约和波士顿名门大家的遗风。相形之下，哈佛同事不论男女都朴质无华。费正清的礼服上挂了一个较显眼的由黄绿两釉彩制成的菱形小章，据说是在一次偶然和基辛格见面的集会上，

现龙在田:在康桥耕耘儒学论述的抉择(1983—1985)

联邦调查局的保镖所赠,作为识别敌我好歹之用。另外一位鹤立鸡群的经济学界高人加尔布雷斯(K. Galbraith,至少有 6 英尺 5 英寸的身长)则穿了一套可以捐赠给"救世军"的古董。他虽然已逾七十,仍是生气勃勃,妙语如珠。

晚宴设在旁边一个以挂灯和明镜装饰得近乎富丽的餐厅。席开九桌,客人共有八十多位,从外地前来的嘉宾几达 1/3。主食之后,甜品刚上之际,福格美术馆的代理馆长、专攻佛教塑像的罗森弗雷德(J. Rosenfeld)起身致辞,特别感谢赛克勒先生支援哈佛东方艺术研究及发展的美意。接着史莱弗(Slive)教授追述他和赛克勒先生商谈为"福格"建一特别展出东方艺术的大楼的经过,最后赛克勒先生本人致辞,推崇学术研究的重要,借机把这次铜器展出的目录数册分赠出力最多的学术从业员,并特别感谢提邦可夫人(Mrs. Delbanco)——即任职克利夫兰美术馆何辉健教授的女公子——为这份目录埋头苦干三年,应居首功。

宴会结束后,步行 3 分钟即到昆乃 32 号的"福格"。香槟酒会在正厅举行,参加的人士当在 500 以上,多半也是盛装赴宴,颇觉壮观。在酒会中碰见了苏联研究专家派普士(Richard Pipes),有一度传言他要出任里根政权要职,但在国家安全局工作两年后即销假返校任教。他说离开康桥不久就大有疏离之感,不知何故。想起 1965 年度我曾选了一门由史华慈、沙弗朗(Safran)及派普士

3人合教的研讨课——"在西方以外的西方观念",东亚、中东及苏联每一地区选4位研究生参加。这门师生15人而旁听多达20余人的课,虽只开一次,在参与者的心里却留下了深刻的印象。

商周铜器在二楼展出,共分4大间,布局、灯光和背景颜色都和远古宝物配合得相当顺适。我虽然纯属外行,但因学术旅行的机缘,确也亲睹过不少珍品,外双溪的故宫博物院、旧金山迪扬美术馆的布兰德吉(Brundage)特藏、北京故宫、兰州的甘肃博物馆,"文革"期间出土的、甚至1978年湖北随县出土的文物,都有过一睹为快,乃至细细品尝的经验。赛克勒的个人收藏能有如此高超的国际水平,令我惊讶。当我凝视饕餮形象之前,晚宴的烤鲑渐渐被香槟消溶殆尽,心里不觉有股飘然的意味。

1983年5月29日

爱那看不见而不死的事物

从麻州的康桥驾车到以高雅著称的佛蒙特州（Vermont）的小城格兰弗顿（Granftan），本来只需两个多小时，但是前夕正逢新英格兰区降雪，沿途竟好像渐渐驶入白雪公主的银色世界，神秘而生疏地驰行了150英里，还不知去向。幸好临时购买了详图，终于找到了这个号称美国东北部最有情调的旅舍——老酒店（Old Tavern Inn）。今晨醒来，环视一周，四处寂寥，果然名不虚传。不过要等我到摆设各种"殖民时代"家具的客厅旁一个专供写作的小方间，传统的新英格兰韵味十足的陌生地才在我心中唤起了一些亲切之感。

这个小方间，八尺见方吧，专为纪念一位名叫马西（Dean Mathy）的人物而设：正面墙上挂着他的油画像，猛一看还以为是考克·道格拉斯。除窗柜外，左右墙上也陈列了一批与他有关的照片、剪报和信札，书桌上还有校刊、奖状等文献。最醒目的则是普

爱那看不见而不死的事物

林斯顿大学校长在为他逝世(1972年4月16日)而举行的追悼会上所发表的悼词。这篇不过700字的祭文,指出马西在担任普大校董的34年内为美化母校环境,特别是筹建教授宿舍,作出了极大的贡献。马西曾说过,美,尤其是人与自然交融的美,最有价值。我在普林斯顿初尝美国学术生涯的那段时日(1967—1971)正好住在面临卡内基人工湖的青年教员公寓里,每天漫步到校,穿过一片野趣盎然的丛林,常常陶醉其中,不自觉地就徘徊于小径之间,10分钟的行程总要拖上个半小时。没想到我也曾分享过马西先生因对母校的灌注而创造的美感。

在中学里绰号叫"小虾"的马西,在财经方面曾有辉煌的业绩。他的洞识、学养、分析能力及人文关切最为同事所称道。在这小间里存放的,就有他所创建的两大企业,帝国信托公司(Empire Trust Company)和路易斯安那地产开发公司(The Louisiana Land and Exploration Company)所致赠的感谢状。帝国信托公司在1966年12月归并为纽约银行,马西先生当时已逾古稀之年,但仍应邀为该行执行董事及名誉董事长。不过,马西在企业界的声誉远非他在体育界的知名度可比。在普林斯顿上学时,他就已是世界知名的网球健将,后来他的双打记录曾保持全美第二,单打属美国十强之一。1921年他还有击败世界冠军提尔登(Tilden,伯克利加州大学山后的提尔登公园即是为纪念他而命名的)而一度荣获冠军宝座的成绩。

1938年,马西47岁的时候(1891年11月23日生于纽约布克兰区),新泽西男校品格芮(Pingny)中学颁给他荣誉校友奖,称他为"学者、业余体育家、财经专家、爱国者、青年人的朋友和品格芮的忠实校友"。从他曾攻读拉丁文、希腊文并荣膺最高学生奖等事迹看来,说他是学者并非溢美之辞。马西在晚年特别究心于修复历史性建筑的文化工作。新泽西历史学会曾把他在这方面作出的贡献列入会史。他自己在普林斯顿经营了45年的田庄——美溪庄(Pretty Brook Farm)也变成了一种为美国上层社会所向往的生活情趣。他所筹建的维登基金会(The Windham Foundation)便成为修复格兰弗顿小城的主要机构。"老酒店"能够享有目前的美誉,不能不归功马西。

马西纪念方间左边的墙上有一封富兰克林·罗斯福(Franklin Roosevelt)在1928年9月25日写给他的私函,劝他投民主党总统候选人史密斯州长的票,并申述了威尔逊总统的政治理想不可能由共和党来完成的理由。马西的复函断然拒绝了罗斯福之请,并且很坦白地表示自己虽属民主党,但应届大选决定投胡佛的票,他并举出三点理由:民主党对国际联盟未能采取有始有终的立场,民主党未能减低关税,胡佛较有承担美国第一行政首长的资格。看样子,马西在政坛上也是一位特立独行的人物。

爱那看不见而不死的事物

这位中学的小虾，一登普林斯顿的龙门，便成为美国上流世界的翘楚。他虽然不能说是美国财经大海中的巨鲸，但他的关注确也有其多彩多姿的一面。普大校长在祭文的结语中引用了马西先生自己的诗句：

爱那看不见而不死的事物。

譬如说美的本身是捉摸不到的价值，但美的体验却层出不穷，永不止息。

老酒店的柜台顶前的墙上排列了以前曾来此歇脚的贵宾名单，其中韦伯斯特（D. Webster）、爱默森（Emerson）和梭罗（Thoreau）还是常客。如果他们地下有知，对马西先生的古趣也许会首肯吧！

美国佛蒙特州格兰弗顿，老酒店，马西斗室
1983年4月3日

百寿人瑞

——为萧太夫人百年高寿而作

　　她总是笑眯眯的,眼神里透出安详,嘴角边带着和善。我不能想象她生气的模样,也从来没有听过她带怒的语调。她的脸上虽然有些皱纹,但总体的形象却不失圆满和谐,只是有时显得质弱些而已。她不大说话,听德则高人一等。和她倾谈时,她总微微点头,不时发出心知其意的赞赏;她的听觉已逐渐衰退,但她所体现的却是耳顺的境界——以关切而不评断的开放心灵,迎接外来的各种声浪。她从不责人,更无闲言闲语,只是默默地、带着深情地关切大家。因此,她即使足不出室,在自己的小天地里念经、拜佛、静坐休养,大家庭的每一成员,不论男女老幼都能感觉到她的温暖。

　　我第一次见到她是1959年的夏天,那时她已接近古稀之年,看起来好像只是刚刚还历而已,尤其是她那不加修饰而自然光泽红润的肤色,更是寿征。我曾和她一起参加过善导寺的讲经会。和年高德劭的佛门道友相聚一堂,她更给人一种和蔼可亲的印象。

她说温州话，我听不懂；我讲国语，她却能了解七八分。享受了半个多小时的独白之后，我发现她虽然不是足不出户便知天下事的秀才，但对外界事物的敏感度是惊人的。有这样高的感性而又能如此安详，可以想见她内心的源头活水以及她表现在外的深厚涵养。

心理分析学大师埃里克森（Erik Erikson）最近到波士顿讲学，已是80岁以上的老翁，还是神采奕奕，令人肃然起敬。他在回答听众的问题时坚决地表示，过去十年他才深刻地体会到，自觉地不断地成长是老当益壮的不二法门。17世纪的老儒孙奇逢到了90岁，还能发现自己89岁所犯的错误。这种精益求精、永不懈怠的人格发展，实是孔门为己之学的家法。

还记得三年前向她辞行的情景。已届97高龄又经过几次大丧元气的手术，她那种安之若素的神情却一点没有灭杀。我和她握别并亲吻其面颊，她笑得很甜。我想她虽然已不认得我是什么人了，但她那珍重祝福的意愿，竟像暖流般涌进了我的心田。我常想念她，她在我内心里所勾起的是虽不能至而心向往之的境地，以万物静观皆自得的智慧，随缘随分地享尽了四代（再过两三年也许即是五代）的天伦之乐。我默默地虔敬地为她唱个生日快乐，也要为她喝杯寿酒。

1984年1月25日

又见到了利科

保罗·利科(Paul Ricœur)是欧美哲学界的高人。他在哲学的解释学方面,有突出的贡献,而且享誉文学、神学、史学等专业哲学以外的科系,成为当今在大西洋两岸的思想界都极活跃的尖端人物。我第一次欣赏到利科的风采,是八九年前在加州圣塔巴巴拉的海边。那时加大的宗教系为50多岁的利科举办了一个专门讨论他的哲学的周末集会,我应邀参加并且在会上发表了一些意见。利科及其夫人从欧洲经过加拿大远道前来赴会,风尘仆仆,但对大家提出的批评都一一作答,毫无倦容。又因为集会的人数不过20余位,会外交通的机缘很多,我荣幸地和他长谈了两回,对他有关符号象征、暗喻等理论有了较明确的认识。他的渊博使我眼界大开。

其实,在亲领利科教诲之前,我因师友之间的同事罗伯特·贝拉(Robert Bellah)的介绍,已先拜读过利科解析基督教"罪恶"观念的成名作，以及他以解释学（hermeneutics）剖析弗洛伊德的大书。这两本从法文译成英文的专论，在美国学术界能有很大的影响，固然是因为利科的学养深厚，接触面广，给大家一种开卷有益的印象；更重要的，我想，是他那运思精细，层层逼人，常在山穷水尽中另辟蹊径而令人神往的哲思。后来我购得他尚未译成英文的有关"隐喻"（Metaphor）的法文原本，虽未能细读，对他旁征博引而又条理井然的文体则由衷叹佩。在另一次集会里，我特别请他在新书上签名留念。那时不过午后3时左右，我们谈到了中国哲学思路的问题，他穷追不舍地问，我根据自己的理解设法作答，几经反复，也就是日落西山的光景。他说受益不少，使我想起古人不耻下问的美德。

利科在巴黎第六大学和芝加哥大学两校同时任教多年。1981年3月我到芝加哥参加有关宗教哲学的演讲会，听说他患了血管硬化的老年病，行动已不方便，也许不能再到芝加哥讲学。他的同事们都猜想他不休不眠地勤于撰述，连在旅途中也不放弃奋笔疾书的权利和义务，精神耗费太多，再加上饮食失调的问题，因此得了这种不治之病。我只有默默地为他的健康而祈福。

半年前，芝加哥友人来信说，利科身体已复元，又开始来往欧美两地传道授业了。果然，上星期波士顿法国领事馆来函邀请我参加一个特别为利科教授安排的晚宴。我虽因教书的缘故，失去

现龙在田:在康桥耕耘儒学论述的抉择(1983—1985)

了一次聆听他在哈佛所作的学术报告的机遇,但在餐会里见到他时,发现他好像比五六年前更红光满面。他说确有硬化现象,但因受阻血管接近脑神经,不能动"旁通"手术,只得靠药物治疗,没想到结果竟出奇良好,已能照常工作了。

说到照常工作,他目前正从事于有关"叙事体"(narrative)的撰述:第一册讲小说(fiction),已脱稿;第二册讲历史,大体写完;第三册讲时间,正在进行取材的阶段。我说,您思考这类问题已有年(他告诉我,在芝大所开设的"想象"〔imagination〕一研讨课就重复了好几回),正是书写定论的时机。他笑着说,希望不要因为身体关系弄得半途而废。利科辞别后,另一位被邀的客人,美国哲学大师、已退休的哈佛教授蒯因高兴地说,今天真是个值得庆祝的好日子。我以为他因利科大病之后仍是老当益壮而发,但蒯因接着说,今天是我把自传写就交给出版商审稿的日子!大伙即在道贺声中个别散去。

1983 年 5 月 22 日

苏黎世午餐

10年前曾在这个高雅的瑞士名都和一群关切天下大事的东西哲人过了难忘的旬日聚谈。这次重游,是应苏黎世大学哲学部的邀请前来参加一个向知识大众介绍禅学的演讲会。会后"瑞士交谈"(Zürich Discourse)的主持人之一凯斯特波伯爵夫人(Marian von Castelberg)邀我到她的别墅午餐。我乘计程车到达南街36号时才12点1刻,下车后在田野漫步10多分钟正好依约赴会。刚按电铃,凯斯特波伯爵夫人即笑容可掬地敞开大门,我轻轻地吻其双颊行见面礼后,即脱去大衣走进客厅。想起曾和东西哲人在这里坐而论道的往事,不觉有些感伤的意味。

入座之后,发现夫人的头发已呈灰白,脸上也加多了不少皱纹,但是风韵依旧,嘴角的微笑像是一股暖流滋润了眼神的喜悦。我立刻觉得她邀我午餐并非只是人情世故而已,心情也感到舒泰多了。她说喝点酒吧,有伏特加、白奔、意大利红白之属,也许你喜

现龙在田:在康桥耕耘儒学论述的抉择(1983—1985)

欢威士忌?我虽然对杯中之物颇有偏好,但中午即灌烈酒的经验则绝无仅有。我望着伏特加的瓶子,随口说出这个牌子我不熟悉,夫人说来自苏联,应无问题,要掺些橘子汁吗?我举杯祝福大家健康,才目击墙上粗线条的油画,像是马蒂斯剪贴期之前的作风。夫人拿出十年前"交谈"的留影,都是黑白照片的人物特写:有京都的西谷启治、夏威夷的张钟元、加州的弗格林(E. Voegelin)、印度的克辛拿(D. Krishna)、新加坡的阿拉塔斯(Alatas)、巴黎的托玛斯(Thomas)和黎巴嫩的百拉顿(Breton),或是高谈阔论,或是凝神静听,或是手舞足蹈,或是若有所思,其中也有三张以我为主题的镜头。我对那时洋洋得意满天比划的狂态感到有些不自在。夫人含笑地说,也许记不得那时高兴的样子吧。叙旧一番之后,女仆轻轻地走进客厅,夫人已干杯了。我勉强把橘水伏特加一饮而尽,走进饭厅前又被那张像是马蒂斯的油画吸住了,只不过片刻却有尽收眼底的整全印象。

  餐厅只隔着一个通道,但走进去之后,即被其静谧的气氛所陶醉,客厅是温暖的,躺入大沙发里更有如归之感。和夫人面对面地同在一张足可容纳20多人的长桌前时,突然觉得必须收敛精神挺胸端坐,否则和墙上挂着的几个遒劲的方形大字(是一位日本禅师的墨宝)就太不相称了。穿着白色制服的女仆两手捧着银器先走到我旁边稳重地把主食伸到我的左前,是一连串切得极为整齐的烤肉，我用刀叉夹了两块。等到同样的程序重复了三次之后，我的盘里已呈现了五彩图形：有肉，有菜，有酪，还有酱。进食不久，夫人说让我为你酌杯红酒吧，我说最近才知道瑞士也是产酒的地方。她说正是，到处都有专为酿酒而用的葡萄园。我品尝了一口后，不假思索即表示赞赏之意。她说这瓶却来自法国，是亲戚家里的特产。不过，她接着说，北加州近年在酿酒业方面颇有凌驾法国"波尔图"的趋势，只可惜阳光太充足土质又好，缺少一些潜沉的后劲，稍欠余味。

甜品来的时候，女仆向夫人使了个眼色，夫人轻声地回了一句，摇摇头笑得很开心，接着对我说玛利亚有些发愁，怕你不喜欢这种用当地土法调制的软糕。我说她不必担忧，我的口味很宽（想起了大学的一位室友取笑我是个除了桌子和椅子之外，只要是四只脚都无任欢迎的肉食者）。果然，这种用板栗磨成的甜品极为鲜美，添了两次才适可而止。餐后我请夫人告诉玛利亚说，因为她的手艺高明，我简直变成个饕餮人物了。夫人起身时轻松地表示自己虽吃得不多，但也没资格做个美食家。"其实我的兴趣并不在此"，她漫不经心地说。

走出餐厅，她问我要先回客厅喝咖啡还是到楼上去参观。我说先上楼走动走动吧！楼上第一大间，有张卧椅，也有一套可供十多人开会的上好家具，中堂挂着"一味禅"三个大字，还有一幅题

现龙在田:在康桥耕耘儒学论述的抉择(1983—1985)

款是苏轼两字的墨竹,桌上摆的则多半是非洲部落祭祀用的裸身木雕。她说:"这是我的工作室。"我问什么工作,她说:"你来苏黎世好几趟还不知道当地人做些什么?这里有闻名世界的两大职业:银行和心理分析。银行家管理我们的物质生命,心理分析家调节我们的感情生活。我痛恨银行界,只有走向心理分析一途。"我说:"还记得十年前我们曾谈过弗洛伊德、荣格(Carl Jung)和此在分析(Dasein Analysis),没想到你竟失足其中而且挂起招牌来了!"我以为她要反唇相讥说我愈讲修身而身愈不修,可是她居然严肃起来:"不瞒你说,在我的朋友中,心理最不正常的还是这批心理分析学家,成天分析来分析去,又以长期接受分析来维持自己的定见,真是一团糊涂。目前大师已不多,持门户之见的徒子徒孙们各以小道占据地盘,完全变成一种权谋和势力互相争夺的战场,既无知识内涵,更无精神意义。我的安心立命处绝不在此。"

走出工作室,通过一个陈设了不少小型雕刻的长廊,来到一间摆满书籍的大厅,好像都和犹太神学有关。经她解释,才知道她的安心立命处是"供养"一位年高望重的犹太精神领袖。她把这位名叫元律(F. Weinreb)的学人奉为神明,他的片言只字都录音编目,还拥有专人从事秘书校雠及视听技术之类的工作。元律不愧为多产作家,除了已出版的20多本书外,还录得成箱成柜的磁带,和他有关的资料足足摆了三大房间。

回到客厅,她抱歉地说咖啡也许已经凉了。可是坐定之前,她又带我到隔壁一间布置特别高雅的书房去看一只挂在壁上的三彩陶人。她说专家们对这件号称唐俑的价值,还持有不同的意见,"不过,"她指着桌上一只古趣盎然的石马说,"这件祖传的宝物却是千真万确的汉代工艺。"我问起以前曾欣赏过的两幅夏卡尔(Chagall)的名画,她黯然神伤地说最近刚刚割爱,给一位收藏家买去了,接着她说她的兄弟也已和夏卡尔的女儿仳离了。这两件事之间虽毫无关系,但让她感到突然和夏卡尔这位可以与毕加索或马蒂斯相提并论的艺坛亲人疏离了。

喝咖啡时,她说这座构建于 1644 年的石砖别墅,曾是欧洲知识界名流云集的宴会场所。她随手从书架上取得一本题名为《莎乐美》自传的精装书,里面收了好几张作者的肖像,是一种希腊古典和法国浪漫的矛盾情调交织而成的造型。她说莎乐美曾是这间别墅的千金小姐,不仅姿色动人,而且有相当深刻的见解,尼采就狂恋过这位女中豪杰。我说尼采患了神经病也许和莎乐美有关吧。"这个难说,不过尼采很可能曾在这里吃过闭门羹。不过,莎乐美的传世之作却是写给弗洛伊德的信。他们的来往书札刊行不久,已成为心理分析学历史的基本文献。"她才说完我便接着问:"那么你的传世之作呢?"她说:"你还记得我卧室里那个'佛'字吗? 右边那笔总有 1 米之长。有一次我因手术住院梦见自己从下面顺着那直线往上爬,爬到顶尖,累得筋疲力竭,突然惊醒,虽然满身大汗,但心里却感到一阵无可言喻的喜悦。现在我已有自知之明,我想如果能帮助元律,或其他有希望而且有志向的人更上一层楼,也就心满意足了!"

辞别凯斯特波夫人之后,我立即乘车赶到苏黎世的法朗穆士特(Fraumunster)教堂,本想看一眼夏卡尔特制的彩色玻璃,只花了十多分钟即达目的地,但教堂却已在午后4时关门了。

1982 年 12 月 7 日

从异乡到失落

在巴黎友人家里重读王尚义的论文集——《从异乡人到失落的一代》,突然浮现眼前的是,台湾50年代末期到60年代初期,那段受存在主义的冲击,因而追求人生真义的学生生活。

想起了曾在伯克利加州大学讲授中国文学的陈世骧教授。他不但直接影响了美国当代诗人,如深体寒山禅味的施耐德(Gary Schneider)及研究古典形式的纳森(Leonard Nathan)等人,另一方面他又是一个向中国青年介绍存在思潮(也就是他所谓的"唯在主义")的先驱。回顾40年代,正当法国反战、反集体、反系统哲学的呼声高唱入云的时候,中国却因陷入抗日与内战的风暴中,而思想界几乎为政治言论所掩盖。相形之下,从存在的基点反省个人的人格尊严,变成了毫无现实性可言的奢侈品。

朝鲜战争以后,东亚的局势渐趋稳定。从大陆随父母或亲友迁台的小学生,转眼已变成不得不向升学主义低头而又不甘愿自

现龙在田:在康桥耕耘儒学论述的抉择(1983—1985)

居科技专才的知识青年了。他们沉醉在田园咖啡厅的贝多芬交响乐里,凝视于梵高、高更和其他印象派大师的画册之前,有时甚至放下一切到山林的庙宇去寄宿,到海边去漫步,到穷乡僻野去寻思。他们向香港的《大学生活》投稿,创办自己的《现代文学》,组织自己的"五月画会",也追求自己的文化认同。他们既无梁启超那样的一支健笔,也没有那种气魄能够把动力横绝天下的西方精神引进中国,同时也没有五四诸公像鲁迅或吴稚晖的干脆:决定和儒家文化一刀两断而把线装书丢进茅坑里去。但是,他们却小心翼翼地在极冷漠的大环境里开拓了自己的田园。

王尚义论文集里最感动我的是那篇纪念一位亡友的悼词。在沙滩上找到的克尔凯郭尔的英译本到底象征了什么?那位才华高超体魄雄武的知己是为了厌世而自杀的吗?难道加缪所描绘的真是"异乡",萨特所提倡的真是"失落",而只有志愿随考甲组当医生才是荣归故里?为什么有存在感受而不愿随俗浮沉的青年要受到那么多心灵的折磨?

确实,为什么一个有艺术敏感,有文学情趣,有哲思慧解,而且有宗教体验的知识青年,竟没有一条可以让他走出来的路?王尚义本人不但中举登科,而且进了台大医学院,但他的忧郁而死(才20多岁吧!)和在自己家里作异乡客,在最高学府沦入失落的一代毫无关涉吗?

1968年学生大暴动之后的巴黎,已不是存在主义的天下。越战后的70年代几十万难民,多半是华裔,已在这个西欧名都安家落户了。今天,我们寄居的休华西一带,竟变成了名副其实的"中国城",随时随地都可以吃到云吞面,买到大白菜,连汉语华文也好像有了再生的新契机。短短几天置身其中,颇有既非异乡人又不失落的印象。不过,王尚义给我带来的,虽是往事,它的真实感却远胜于目前这个散离的、片面的印象。

1982年10月21日

美国阳光带的兴起

过去20年,美国政经界最显著的趋势是权力中心逐渐从东北转向西南,也就是从霜雪带移往阳光带;新英格兰和纽约的威望为德克萨斯及加州所取代是有目共睹的事实。美国的精神文明曾和清教伦理有密切关系。所谓清教伦理,根据社会学家韦伯的分析,实是促使西欧资本主义兴起的基本动力。受这种价值取向影响的企业家,有奋勉向上的志趣、刻苦耐劳的毅力和节俭自律的美德。他们在美国东北所建立的豪族事业,有严谨的家规,有既定的作业程序,也有服务社会的传统。取而代之的"新财阀",多半是靠广告、法律、工程和冒险投资而致富的,属于白手起家的暴发户。既无成规可言,更无传统可说。他们的成功多半来自大众传播和特殊技艺,以噱头、新奇、险怪或花招取胜。

肯尼迪的豪门不能算是典型的波城世家,但究竟还有些东部望族的遗风,尼克松和里根所代表的那就完全是南加州的意识形态了。纽约和波士顿出身的政治家,常在福利和教育方面有突出的表现,他们对民权、族群、老年及学府的基本要求抱着极大的关切,常常走向宁愿削减军费而不肯取消医疗劳动保险的变通之策,即使政府大举外债亦在所不惜。南加州以房地产、新兴工程、广告宣传或影剧等娱乐事业而发迹的中上阶层,前面已提到,既无文化传统可言,又缺乏起码的社会关切,常易陷入惟金钱权力是问的心理而不自知。他们强调美国雄厚的财富和强大的军势,并根据自己的特殊经验,以"美国第一"的高傲,而迷信自由市场和个人私利是促使美国(因此也是"文明世界")跻登霸权的主要条件。因此,他们对少数民族是抱着排挤抗拒的态度,对贫穷大众是采取拖延塞责的策略,对第三世界则满怀轻忽的意味。近年来美国政坛保守倾向极为强烈,已和美国社会以民主自由为主流思想的一贯精神相左。这个发展和南加州所代表的政治文化不无关系。从目前的态势看来,由尼克松当政以来的保守潮流或会转向。这个可能性已不是少数在象牙塔里宣扬自由主义的知识分子的幻觉了。

其实,阳光带的兴起本可代表美国拓展新境界的开放心灵。认识太平洋更是意味深长:可以象征美国突破欧洲为中心而正视亚非的价值取向。加州文化,尤其是以北加州海湾区为典范的加州文化,确有容忍度大和敏感性强的好处,和粗犷的、以大男性的角度藐视弱者的个人主义绝不相类。60年代美国年轻人勇于向军工权威思想挑战,在社会里已结下了不少善缘。我以为,今天最能代表美国精神的人物不再是拔枪决斗的牛仔,也不是狂呼美国至上的传教士,而是各行各业中奋勉精进好为人善的乐道者,这正是60年代"反文化"所结的善果。固然,这也许只是我个人的心愿而已。但是,正因为我接触到的那一大批容忍度大、敏感性强而且知识水平极高的美国青年,多半都自认是"反文化"的受惠者。我相信,我个人的这份心愿绝不是全无凭据的空谈而已。

1983年3月19日

以道德实践对治"共识"破产

伯克利加州大学社会系主任贝拉(R. Bellah)教授去年11月应邀来哈佛发表两篇以信仰沦丧、危机四伏为主题的演说。第一日他先讲凡俗主义的胜利,分析欧美自十七八世纪以来实用及情欲两种个人主义如何逐渐取代《圣经》社群与共和政治两种人际关系的文化现象。次日则针对西方世界尤其是美国目前"共识"破产的困境,提出他对宗教价值的新体认。

这两篇演讲是由哈佛教会的"洛布"讲座所安排的,因此都在"纪念教堂"举行。听众大半与神学有关。贝拉曾在康桥度过20个年头(从大学一年级到升任正教授都在哈佛,只有两年"下放"加拿大),虽然移教加州大学也已是十多年前的往事了,他在此地的门生故友仍多,而且经常保持联系,因此他很兴奋地说,回到母校总有如归之感。

还记得1962年我从台湾初来康桥留学的时候,贝拉是位刚刚

现龙在田:在康桥耕耘儒学论述的抉择(1983—1985)

三十出头的青年教授,对现代化充满了信心,完全站在帕森斯所标示的结构功能学派的立场来分析人类宗教演进的大课题。他的成名之作——《德川宗教》即是用帕森斯的理论来解释日本现代化动力泉源的经典之作。他对儒学的理解和帕森斯一致,都是韦伯的路数。也就是说,儒学因为和现实妥协,缺乏类似新教伦理的转化功能,结果扼杀了中国文化从内部引发资本主义精神的可能性。

那次他在纪念教堂所发表的两次演说,则对现代化作了全面而深入的批判,甚至毫无保留地申说,今天美国的社会科学家,如果再不从本源处转向,正视道德宗教的终极价值,他们根本没有立足学府的权利。他特别对以企业管理和心理治疗来取代道德宗教这种所谓社会工程的现代设置,表示反感。他说社会工程所代表的,把人类的生命和灵性层次的大问题归结为技术处理的怪现象,正显示由实用个人主义和情欲个人主义导向官僚个人主义的必然结果。他提出对症下药的办法是,重新强调实践的重要性,也就是重建希腊哲学、希伯来神学和中国儒家所谓的身体力行的道德宗教精神。

会后有位同学问他,你现在的看法和以前追随帕森斯模式时的观点好像大相径庭。他直率地表示正是如此,但接着又说,不过必须指出,帕森斯崇信美国为现代化的高峰虽然失之偏颇,但他绝不是个实用主义者。正因为帕森斯终身的努力都和了解"实践"

价值有关，他所遗留下来的教言至今仍有值得我们钦佩的地方。又有位同学问他究竟有哪些重要的典籍可以提供"实践"的线索，他说空谈无益，要亲近良师，古人跋涉长途寻访教益的精神，值得我们效法。

听众纷纷散去，和贝拉走向招待会时，我半开玩笑地对他说，近来你常在教堂出现并且公开弘扬身心性命之学，很有布道的意味。他很严肃地表示：佛教弘法、儒家讲学的风范，正是西方圣经社群和共和政治为官僚个人主义之类的社会工程所取代以后，最应鼎力发扬的"大学"教育。我想，儒门淡泊的凄凉景象虽然于今为甚，但如果有几位像贝拉这样的学坛高人不期而然地变成了难得的知音，即使淡泊凄凉又何妨呢！

1983年5月8日

寒流下的暖流

——高标理想的美国研究生

已经 11 月底了,康桥的太阳还很温暖,和往常的经验有点不相类。我虽然不是预言家,但是美国东部不久就要下雪,气温会降到华氏零下十几度,交通壅塞,寸步难行,哈佛校园内到处都是冰柱,没有一丝绿色。这个景色是可以预期的。为什么就在这个即将步入严冬前的时分,我的心思不觉投向美国大学研究院攻读中国文化的同学身上,自己也莫名其妙。难道他们的命运竟和我的心情一般,要忍过冬天的严寒才能重新享受和暖的春阳?!

自从 1967 年在普林斯顿大学任教以来,我认识的美国研究生总有几十位之多,都是专攻文史哲;如果加上只有一面之缘的,那就要上百了。在这几十位认识的研究生中,有些已有 15 年的友谊,可以说是亲密的战友了;有些曾一起研读中国哲学典籍,共同度过了好几载艰苦运思的岁月;有些是因为学术会议——如亚洲学会、伯克利儒学研讨会、由美国学术联会资助的工作会之类,而成为道友同志的;有些是专程来访而结识的;也有些是偶然的机遇——在故宫观画,在北图找书,在京都的南禅寺散步,在汉堡的东方学院访问,或在庆州的陶山画院参观时认得的。

这些来自美国各地的青年才俊,有大资本家的继承人,也有毫无积蓄可言的单身汉;有家教谨严的书香子弟,也有谱系中找不到高中毕业生的工人后裔;有遍游各大名都见闻极为广阔的国际旅行家,也有足不出户连百万人的大城市也从来没有经历过的乡下人。但是,他们都是美国的青年才俊,这点毋庸置疑。30年来,美国大学中的精英,摒除高薪的诱惑,到研究院来深造,这股潮流和趋势,即使在80年代经济不景气就业极困难的情况之下,也没有显著的变化。美国的研究生,特别是水平较高、规模较大的高等学府的研究生,不仅是美国大专教育的精英,而且是从世界各地选拔而来的精英,这点也是有目共睹的事实。在美国大学研究院攻读中国文化的同学,是美国研究生的组成部分,他们当然都是美国的青年才俊。

不过,专攻中国文史哲的美国研究生不仅是精英,而且是精英的精英(也就是西谚所谓纯奶的纯奶)。这个证据凿凿的事实却不为局外人所知,即使关心国际学术动向的学人,也所知不多。有些朋友听到某个美国留学生犯了一些普通语法上的错误,归结出

现龙在田:在康桥耕耘儒学论述的抉择(1983—1985)

洋人绝不可能理解中国文化的论断。其实,老一辈西方汉学家中不谙华语的大有人在,但他们对古代汉语语法、先秦哲学、汉代历史、魏唐佛教、宋明理学、清代政治、五四运动和中国现代史之类课题作出了贡献是无法否定的。过去 20 多年,美国的中国研究,特别是文史哲方面,确有突飞猛进的现象。今天的留学生可以用流利的口语交谈乃至论学,已不能算是特例了。但是,我说他们是精英的精英,不仅想指出他们在语言文字、文化背景、政治敏感、历史意识或社会关切各方面都远远超过了 60 年代(也就是我刚到康桥进修那段时日)的水准,而是要说明他们在美国研究生中的特殊地位。

提到这一点,我便有不堪回首的感觉。不可讳言,就一般而论,在中国文化区决定报考中国文史哲的高中毕业生,并不是程度较好的特殊人才,因此,大学里中文、哲学和历史三系的同学和外文、电机或企业管理等系的同学相比,就难免有略逊一筹的慨叹。固然有例外。还记得在东海大学中文系攻读的情景:我们那七位(全班只有男女七武士而已!)自命不凡的同窗,如果不是父母的谅解、老师的鼓励和自己相互之间的提携,哪能禁得住外来的转系压力?有位父执得悉我转入中文系之后很惋惜地表示,因为这一"失足"恐怕锦绣的前程就从此断送了。有位亲戚还质问地说:"你不是会说会写吗?还学中文干什么?"

相形之下，美国这批可以读医学、法律、企管、数学、电脑或工程的精英，竟放弃了似锦的前途，甘愿"失足"到这个为聪明的中国人所不屑一顾的专业，岂非20世纪目睹的怪现象？有人说中国研究在美国大行其道，和联邦政府配合福特基金把巨款投入区域研究有关。根据这个说法，美国大学毕业生从事中国研究不过是"利禄之途"而已。固然，若没有长期的投资（20多年来支援中国这个区域研究的经费，每年都要以百万美元计），美国的中国研究不可能有今天这样多彩多姿的发展。可是，美国第一流的大学毕业生愿意献身于中国文化事业，绝非长期投资的必然结果。苏联研究在美国学术界曾有过昙花一现的历史，目前虽有死灰复燃的生机，但即使有哈里曼这种千万以上巨额基金的支援，远景也并不乐观。"利禄之途"的解释有片面性是显而易见的。

我认为美国大学的精英，肯放弃"利禄之途"而献身于中国文化事业的主要动机，纯出于"理想性"。试问一个花四年工夫就可跻登上层收入的医学预科，费时三年就可开业的法律预科，或刚毕业就可获得2.5万元年薪的电脑学士，为什么放弃似锦的前途，甘愿忍受苦习"四声"之罪而自觉地、主动地走进这个到处是"生疏"，是"异化"的研究领域？美国是个功利挂帅、现实第一的商业社会，如果我们以外来访客对美国粗略而一般的印象对比看来，这批精英的理想性就更明显了。举几个实例应可说明这一现象。

现龙在田:在康桥耕耘儒学论述的抉择(1983—1985)

我曾在加州大学历史系的研究生甄选委员会里服务了六年。每逢冬季(从12月初到2月中),都要从数百位美国乃至世界各地前来申请的候选人中甄选四五十位合格的精英。参加委员会工作的同事代表美国、欧洲、古代、中世纪、现代、中南美、苏联、中东、南亚及东亚几个地区。在合格的精英排名时,有意专攻中国史的四五位同学多半是名列前茅。有一次,前五名中我们竟占三名之多。一位教授美国史的同仁半打趣地说:"你的葫芦里卖的是什么膏药?怎么好学生都囊括去了?"我当时毫无愧歉之感,而且心里自然泛起一阵喜悦。

中国文化这个学术领域能够吸引美国高等教育的才俊,是因为其中有真乐。这种不足为外人道也的真乐,可以从唐诗宋词、先秦典籍、甲骨金文、云岗石雕、扬州八怪、魏晋玄学或敦煌壁画中体味,也可从太平天国、五四运动、辛亥革命或抗战建国中吸取。有位从事比较研究的同事曾告诉我说,专攻中国文史哲的同学不仅研习中国文化,而且认同中国文化,这个现象在其他区域研究中并不多见。当然,认同中国文化并不表示接受当前中国的政治文化,或赞赏现代中国的民间社会。中国文化在国际上受到重视,祖宗的阴德,也许比时贤的努力更有说服力。

献身中国文化的美国研究生,都有一股为理想所激励的冲劲,这点和他们都是美国社会的青年才俊一样,毋庸置疑。但是,他们的理想性却和传统中国所谓"修齐治平"的鸿鹄大志没有什么关系。他们从事中国文化的研究,多半是发自内心的兴趣。否则,我们又怎么理解游君为了搞通戴震的范畴体系,而三年苦读戴氏的《孟子字义疏证》;司马君为了一窥王符的知识世界,而把《潜夫论》全部草译出来;麦君为了认识明代苏州的望族,而详阅上百篇干枯无味的墓志铭;赫君为了分析《四库全书》的编纂经过,穷十年的精力考察乾嘉朴学这些极富启发意义的个案呢?

最近,因为生活的压力,这批精英的精英中难免出现被迫转业、半途而废的现象。就从这个令人伤心的现象看来,也可以反映一些情况。一位目前在《纽约时报》担任记者的同学即是很有代表性的例子。他就读于伯克利历史系时,曾拒绝了《华盛顿邮报》的聘约。他的野心是成为一个以中国中世纪社会思想为专业的历史学家。但是经过长期的考虑之后,他知难而退了。因为即使他再花两年准备口试,一年留学,三年写论文,获得博士学位以后,多半还是面临失业的危机。附带提一句,在美国从大学毕业后一般要奋斗八至十年才可完成研究中国文化的基础训练。(获得博士学位只能算取得大学教书的起码资格而已!)即使在这样艰难困苦的情形之下,美国专攻中国文化的研究生仍是代有人出。前面提到过的研究生中的一位,为了学术事业,确实放弃了不少一般美国年轻人都认为理所当然的权益:她的财产几乎全是书籍,已届中年而尚无结婚之想。我问她,她淡淡地一笑:"后悔?当然不,和我那些家庭主妇型的同学相比幸福多了;再说,研究我这课题的人那么少,我有责任把它交代清楚。"

五年来,拥有中国研究博士学位(包括以语言、文学、历史、哲学为主的人文学及以政治、社会、经济为主的社会科学)的人才投入银行界、法律界、电脑界和政界的已很可观。从中国研究的提升和发展这个角度来看,这种人才外流的现象确为国际汉学界带来一股寒潮。可是,正因为如此,我对研习中国文化,特别是专攻文史哲的美国研究生更增多了几分敬爱之情。每想到和他们谈人生、谈理想的乐趣,即使积雪三尺,也觉得阵阵暖流涌上心头。

1983 年 12 月 18 日

探讨"轴心时代"

德国哲学家雅斯贝尔斯(Karl Jaspers)曾有"轴心时代"(Axial Age)的提法。他从比较思想的观点来检讨人类精神文明的发展,认为大约公元前第6至10世纪,也就是儒家、犹太教、佛教及希腊哲学同时存在的时代,可以说是决定世界文明多元倾向的轴心时代。

今年1月2日至7日,希伯来大学的社会学权威艾森斯塔德(S. N. Eisenstadt)先生,根据雅斯贝尔斯的提法,在德国法兰克福附近的温泉胜地巴特洪堡(Bad Homburg)召开了一个小型的国际会议,专门探讨"轴心时代的起源及分化"(The origins of the Axial Age and its diversity)。在短短的五天议程中,与会的二十多位学人就希腊、希伯来、美索不达米亚、中国、印度、基督教及回教等课题交换了意见。与中国有关的报告,按照原定计划应由慕尼黑大学的弗兰克(Herbert Franke)、牛津大学的埃尔文(Mark Elvin)、匹兹堡大学的许倬云和我四人提出。但因埃尔文临时改变计划,未能出席,而弗兰克只作了口头说明,在中国组提交论文并参与讨论的,只有许教授和我两人。问题焦点则集中在儒家现象的兴起及儒学所显示的意识形态。

欧美学人对所谓"轴心时代"的特色问题进行全面而且综合的反省已有相当丰富的经验。其实,十年前美国艺术及科学学会所资助的国际会议,是由史华慈及莫米利亚诺(A. D. Momigliano)联合主持的,对轴心时代的超越(transcendence)一观念,从各种不同的角度作了极富启发性的分析。而这次会议的成员,至少有两位曾参加了十年前的讨论。艾森斯塔德在总结时也特别指出,我们的探讨实是承接了过去的成绩,并依照先贤的指标而向前迈进的。

不过,应当说明的是,"轴心时代的起源及分化"一会所采用的方法,已跳出了以犹太教为标准的运思模式。换言之,即不以"超越"为导线,而从各大传统本身的精神动源、社会结构及政治组织来厘定各文化独具的发生及发展途径。譬如,中国以创造转化(creative transformation)为特色的"突破"(breakthrough)和犹太教以远契神旨的超越向往为特色的突破就有很多不同的地方。

如何从历史学的角度来理解儒学在中国兴起的来龙去脉以及

如何在哲学层面分析儒学和其他轴心思想的异同,便成为今后进一步探讨此类大问题的重点之一。

1983年3月5日

从"轴心时代"看儒学兴起

孔子在春秋末期揭橥"创造转化"的人文精神时,正处在人类心智百花齐放的关键时刻,也就是"轴心时代"。这一个伟大现象,和同时代意义相当的世界其他伟大现象——如希腊的哲学思辨、希伯来的超越向往以及印度的本体探究,在发生和发展上,既有联系又有歧异。如何从历史学的角度,用比较思想的分析来认识孔子"创造转化"的人文精神,是当前学术界的重要任务。

儒学的兴起是中国知识分子自觉主动地独立于政治权势之外以担负文化责任的精神体现。由孔子所主持的学术社团,曾培养出一批弘毅之士。他们扩大了中国社会的价值领域,加强了中国人民的族类感情,深化了中国学者的历史意识,并且为中国知识分子厘定了安身立命的大经大法。孔子以及共同创业的青年才俊,在当时虽然没有完成恢复"周文"(在他们眼里周朝的礼乐是最合情合理的文物制度)的使命,他们的努力却为中国文化播下了无数的善种。这些善种不仅在中国历史的田园里开了花结了果,而且变成了中华民族不可或缺的基因。

徐复观先生指出,"忧患意识"是儒家人文精神的特色。这种"有终身之忧而无一朝之患"的君子心理,如果用现代流行的观念来表示,即是以大公无私的共识作为自己的终极关切,而置小我的生死荣辱于度外。不过,"忧患意识"必须扣紧文化慧命(即孔子所谓的"斯文")才有实义。为了一家一姓而勃然捐身的匹夫之勇,连独善其身的自知之明的格调都够不上,更不必说什么以身殉道了。正因为儒者有"绝学堪忧"的学术使命和"悲天悯人"的宇宙精神,他们所体现的"忧患意识",既非恐惧又非焦虑,而是"先天下之忧而忧,后天下之乐而乐"的抱负和"任重而道远"、"死而后已"的担当。这就是中国知识分子的本来面目。

希腊的哲学思辨为科学播了善种,希伯来的超越向往为宗教播了善种,印度的本体探究为玄解播了善种,都是人类文明中弥足珍贵的伟大现象。当我们宣扬科学,礼赞宗教,歌颂玄解的时候,我们自然应当重新认识儒家以"忧患意识"启发人文精神的意义。

从轴心时代看儒学兴起,正是我们运思的起点。

1983 年 3 月 12 日

站在"大家"这边的劳心者

五四以来,孟子劳心劳力的观念曾受到中国知识界各路英豪的狠批狠斗,以为这是为统治阶级服务,为压迫劳苦大众造舆论的封建论调。即使对孟子"民为贵,社稷次之,君为轻"的贵民思想,以及声称杀一独夫不算违背忠义价值的"革命"理论大加赞扬的儒学先进,对劳心劳力的观念也避重就轻地表示这是前贤受时代限制的特例,不能援引以为孟子言论落伍的证明。

其实,劳心劳力的观念,在孟子原典中,是根据分工的理论而提出,其背后的价值结构不是权力运用,而是合作互惠。有了这一层的初步认识,我们探讨"治人"及"治于人"的实义就方便多了。一般对"治人"及"治于人"的了解,是立足于统治与被统治的二分对立。用这个尺度去揣测孟子立说的意图,就得出:不事生产的有闲阶级代表社会上少数的既得利益,是属于统治者,而真正胼手胝足从事农耕的劳苦大众,便成为被迫害、被压制的沉默多数的结论。这种由剥削阶级宰割人民的结论,能否从孟子劳心劳力的观念引申出来,是值得深思的课题。

首先应当指出,孟子提出"劳心"的观念是针对农家学派只肯定价值导源于农业生产的主张而发。孟子表示,假若大家(也就是士农工商各行各业)都直接参加农业生产,必然导致经济大混乱的结果。因为治理国家的"士"、发展企业的"工"和互通有无的"商",都是社会不可或缺的组成分子,他们的作用如果都为农耕所取代,社会赖以生存的其他力量就突然瓦解。士工商的消散不待说,就是农耕必须用的铁器和农人必须有的衣着,也无人生产了。因此,孟子是站在较高层次的社会分工的理论,来抨击农业生产唯一至上的教条主义。这种分工论是有现实意义的。譬如1958年"大跃进"时期的土法炼钢,把全民(包括知识分子和农民)都动员起来搞单线生产,虽然不是农业生产唯一至上的教条主义,但其违背孟子所理解的分工论则比农家更有过之。

肯定了分工的必要,我们可以进一步追问,"劳心"所代表的是哪一种类型的作用,乃至一个有生气有动力的社会是否需要这种作用?如果用现代经济术语来解说,"劳心者"即是服务行业的成员,这些成员并不直接参加生产劳动,但是他们在维系社会结构、加强社会弹性和丰富社会情趣方面作出了贡献。没有他们,除了吃饱穿暖外,其他的人生要求就不能满足了。的确,在现代化高

现龙在田:在康桥耕耘儒学论述的抉择(1983—1985)

度发展的国家中,常出现直接参与生产的人数(也就是孟子所谓的劳力者)愈来愈少,而服务行业(也就是劳心阶层)在人口中的比重愈来愈大的现象。

我们不要忘记,在孟子提出劳心劳力观念的时候,他特别指出劳心者"治人",但同时也"食于人"。也就是说,服务行业的成员虽然掌握了治理国家的权利和义务,但同时也依赖劳力大众而生存。这个论点所涵摄的意义是很清楚的:假若负有服务权责的劳心者没有把任务完成,劳力者应当惩罚他们,不给他们饭吃,甚至革他们的命。照中国的老传统,天命是因人民的拥戴而降临,因此"天视自我民视,天听自我民听"。如果劳心者不仅不肯为民服务,而且变成了压榨群众的特权阶级,大家应该团结一致把他们打倒。

在上面这句话里,我用了一个含混的代名词"大家"。究竟"大家"在这里指什么:劳心者? 劳力者? 或两者兼有? 在孟学里虽然没有明说,但确有线索可寻。这就牵涉到士君子,也就是知识分子的职责。治理国家的君王和辅理天下大事的士君子,都属于劳心的范畴。但士君子的道德理想和全体人民的福利是打成一片的。也就是说,士君子是为了造福人民而参政的。假若掌握政权的少数分子不能向这个显而易见的目标努力,士君子就应挺身而出走向劝导、批判乃至反抗的康庄大道。用现代语言来分析,知识分子是为了天下国家的千百年大利而参加政治活动的,只要他们认识了当时政权的实质,他们的取舍是不难决定的。因此,根据孟子的思路,维护特权阶级,甚至出卖自己的良心理性而为现实权威效命的劳心者,根本不配称为士君子。弘毅之士,也就是真正的知识分子,永远站在"大家"这一边。

1982 年 8 月 13 日

伊尹之"任"

接到陆彬(Vitaly Rubin)夫人从以色列希伯来大学杜鲁门研究中心寄发的邮件,其中除了短函、照片之外,还有几页由她亲笔翻译其亡夫日记中研读当代儒学的文字。

我虽然在70年代初期,就从那本历史悠久的欧洲汉学学报《通报》上接触了陆彬的思想。后来读到他有关先秦儒者因维护个人尊严而与政权势力抗衡的专论,对他的知识关切有了较深的体会。可是直到今年2月到希伯来大学参加纪念陆彬的儒学讨论会之后,才深深地体味到他的用心所在:通过自己存在的感受来阐述儒家传统中人格独立此一价值的政治意义。

陆彬在《通报》上写过一篇专门评论慕尼黑大学鲍吾刚教授(W. Bauer)解释中国传统社会如何追求幸福的大书。可是以书评方式撰写的那篇长文,主要的观点则是反驳汉学界因常把儒学思想和官方意识形态混为一谈而得出的错误结论:孔孟之道必为专制政体服务。他认为儒家在中国传统社会中能有深厚的影响,应从道德理性及人格教育的政治价值去理解;只从政治文化的负作用去评断儒家的保守、落伍和妥协是不公允的,也是经不起学术考验的偏见。

近年来,陆彬对孟子讨论伯夷、伊尹、柳下惠和孔子的政治抉择一段,作了极富启发性的分疏,可惜他刚开始全面考虑"君子与政治"(profound person and politics)这个大问题不久,即不幸因车祸丧生。他认为伊尹所体现的"任"——也就是能为生民福祉不顾现实政治的困难而任劳任怨的精神,在孟子检讨出处进退的课题上,有深厚的意义。正因为"任"的要求,即使"天下无道",也不能采取隐退的权法。相形之下,伯夷的"清"未免显得过分重视自己的清高,乃至放弃了"斯人之徒"的权利和义务;柳下惠的"和"也好像太玩世不恭了。如果孔子的"时",也就是恰到好处的圆融化境不能企及,那么伊尹的"任"应是值得知识分子效法的途径。

当然,这个提法在中国历史中例证很多。在不同时代不同环境和不同背景之下,对伊尹的"任"、伯夷的"清"以及柳下惠的"和"都有不同的理解和评价。然而,陆彬从孟子这一段话标出伊尹之"任"来,重新反省儒学中人格独立此一价值如何联系政治参与的存在抉择,是有现实意义的。

1983 年 6 月 25 日

"实学"的含义

从事中国思想史研究的中外学人,常把"实学"界定为17世纪中叶,也就是晚明才兴起的经世济民之学。一般的印象是:实学以实质、实测、实证、实行为主,针对空谈性命的泰州心学而发,是一种重视客观,专门注意实际民生的有用之学。韩国在朝鲜朝(李朝)末期以批判"性理学"为目标的思想运动,和日本德川后期反对"汉学"而接受西化的"先进"学风,也都揭橥实学旗号,大反宋明"身心性命"之学。

这种提法,表面上"言之成理,持之有故",但一加分析便破绽百出,根本经不起历史真相的考验。固然,历史真相见仁见智没有定说,很难取得共同的看法。如果把司马迁、刘知几、黄宗羲和章学诚几位史学大师一起请来开"实学"研讨会,他们的意见绝难等同,也许还会争得面红耳赤。不过,他们既然都有深厚的学养和高超的见识,当不会接受以实学对抗宋明"身心性命"之学的二分论断。

其实,北宋大思想家程颐就特别标示实学。他认为能在人伦日用之间发生实际功效的儒学,和逃世脱俗的隐逸思想,或断灭种性的涅槃思想对比之下,才真能显出儒学确是实学的性格。因此,实学是和空无之学对照而言。根据这个观点,落实人际关系,在日常生活中立足,不脱离生而谈死,不舍离人而谈鬼神的淑世思想才是实学。因此,以功利效验为基本价值而究心于经济和政治问题的经世之学,不过是实学的一个层面而已。

明代中叶的大儒王阳明,也是弘扬实学的健将。他的"知行合一"理论,就是以实学痛斥虚文的利器。在思想的战线上,他抨击的对象是完全不能体之于身、验之于心或证之于性命的虚文,又称时文。王阳明所处的时代(1472—1529),聪明才智之士多半因威迫利诱而陷溺于诵读八股、效命科举的格套。他们之中虽然有不少志趣高远的青年才俊,但是社会风气的腐蚀性太强,经过长期的浸润之后也就随俗浮沉了。试问在升学主义挂帅的今天,我们中间又有几人真可冒天下之大不韪(包括至亲好友的苦口婆心),毅然以个人志趣而自立?!摒去虚文专业实学说来容易,真要扭转习已成性的方向,挺拔而出,另辟新径,则非有勇猛精进的大气力、大工夫不可。

据此,若以宋明儒学的发展为线索,实学至少反映三层意义:

现龙在田:在康桥耕耘儒学论述的抉择(1983—1985)

一、对照泛论形上课题而言,实学表示扣紧客观世界的具体分析;
二、对照骋思空无哲理而言,实学表示深入人伦社会的存在感受;
三、对照追扑利禄虚文而言,实学表示固执(借《中庸》"择善而固执"语)、反身自得的人生真趣。

如果引用阳明的教言,也许实学的现实意义正在诱导我们步向较广和较深的自我认知:让我们的视野更开阔,让我们的慧解更潜沉。职是之故,我们不必过虑现实生活的压力迫使我们浪费了大好的青春。在宋明时代,知识分子不以举业(也即是通过八股取士的渠道,谋求在专制政权中的晋升之阶)"妨功"为大患,只以举业"夺志"为深忧。用今日的语言来说,现实考虑无人可逃,为了维持柴米油盐的基本需求,乃至为了给自己及亲人提供合理合情的生活乐趣,不知要花费多少心思。这些牵连自然会影响到我们从事理想大业的功效,但这种"妨功"的现象,问题不大,最紧要的还是不能放弃自己为学进道的初衷。如果连鸿鹄大志也被剥夺了,那才是毫无实学可言的自甘堕落。

1983 年 3 月 26 日

妻者齐也

在以男性为中心的传统社会,即使先知先觉的大贤可以在理论上提出男女平等的主张,实际情况却完全是另一回事。因此,"妻者齐也"这种儒家根据字源学以"齐"(一样高)解释"妻"字,表示夫妇平等的主张,并未在传统中国社会中实现过。而以一般妇女与小人等量齐观那种曲解《论语》本义的男性沙文主义,却好像和儒家文化结了不解之缘。直到今天,受儒家影响较深的东亚世界,仍不能彻底扫除歧视妇女的偏见。可是,"女权"这股不可抗拒的潮流,迟早是要改变现况的。能否创造一个崭新的秩序,就要看客观环境而定了。美国目前的趋势或许可以作为借鉴。

女权运动虽然是一种提升意识和加深敏感的政治运动,但我认为,它是以科技为后援,以经济和社会力量为基础的人道主义,不只是政治抗议而已。男女不同取决于生理差异,生育虽由男女交媾而成,但怀孕十月的"终身大事"却是女性的权利和义务,男

现龙在田:在康桥耕耘儒学论述的抉择(1983—1985)

性可以分劳但不能取而代之——至少目前还不可能。因此,近十年来的医学发展,使得妇女可以有怀孕和生育的选择,不仅是科技上的突破,也是妇女运动必须具备的条件。只要接触到妇运领袖有关避孕和堕胎两大课题所发表的言论,就可知道因为有安全而简单的避孕乃至堕胎的方法,才使女性获得怀孕和生育的选择。因此,女性知识分子对这个由科技而争取到的权利,极为重视。

然而,科技的后援只提供了妇权运动的必要条件而已。要真能在政治上达到男女平等的目标,还要靠在经济和社会的基础上进行扎根的工作。在这方面,美国的妇女也已取得了显著的成绩。根据最近人口调查局的报告,1981年有将近600万的美国妻子获得比丈夫要高的年薪。1982年的统计数字显示,只有34%的从业丈夫是家里唯一的收入者(1958年这个比率高达58%)。更有意义的是,同年有12.1%的从业妻子是家里唯一的收入者。这个数字在黑人家庭竟高达19.5%,也就是大约5个家庭中就有1个是由妇女1人承担全部家用。虽然一般而言,妻子的收入仅是丈夫的40%,但是多数美国家庭必须靠夫妇的共同努力才能平衡收支。不过,夫妇都有正常收入的家庭,如果丈夫薪水较高,中间(median,和平均average不同)年收入是30112元,如果妻子薪水较高,中间年收入则降至23547元。这可以说明,妻子收入较高的家庭多半是因丈夫失业(只领取救济金)或半工所致。

美国的妇女目前已进入财经、政府、学术、新闻及娱乐的领导阶层。假若名校的女大学生可以代表将来妇运领袖的价值动向，那么这个现象只是初机而已。将来她们展翅高飞，在各行各业中表现精彩是可以预期的。就从生活形态的抉择来看，结婚而自愿不生育，或不结婚而自愿生育的例子已屡见不鲜。有些妇运的极端分子曾提出妇女完全独立的论调，甚至主张以同性恋方式领养子女，组织妇女家庭。这个想法幸好影响不大。相反地，最近中年妇女，特别是教育程度较高以及事业较成功的中年妇女（30到40岁之间），现身说法主张生男育女的却大有人在，蔚然成为一时风尚。不过，夫妇关系必须经过大幅度的调整则是一股不可抗拒的潮流。

对我们这批做丈夫（或者尝试着学做丈夫）的来说，妇女运动最大的副产品之一是让妻子出外谋职，丈夫在家烧饭；也就是说打破了内外有别的老传统，把夫妇关系拉平了。如果有了孩子，分工合作便成为每天协调的对象。我认得的一位女教授，最后终于和她同居数年而且求婚多次的"老伴"结婚了。不过，他们的结婚协议中却特别标明，如果将来仳离，孩子归妈妈，法律不得质问这一项。我说这也未免太过火了，不伤和气吗？她直率地表示，属于原则问题必须据理力争。

妇女运动所标榜的究竟是哪种人道主义呢？我想应该是儒家

"己所不欲,勿施于人"的人道主义。也就是说:"把我们看做和你们一样,都是充分发挥潜能的万物之灵"吧!只要这个运动不偏激到化阳归阴,乃至纯阴无阳的程度,就总有值得同情的地方,何况这还可以帮助我们大家体现"妻者齐也"的理想呢。

1984 年 2 月 21 日

儒家的女性主义

五四运动以来,经过三代打倒"孔家店"和狠批"封建主义"的集体抗议,儒家在知识分子心目中的公众形象,不外乎由落伍、保守、顽固、僵化、古老、封闭等令人极为厌恶的字眼所代表。加上军阀时代非知识或反知识的政权势力,不断地利用早已根深蒂固存于中华民族文化心理结构中的儒家伦理,来维持既得的权势与利益。秉着良心理性为中国现代化效力的知识人士,为了对抗这种私欲横流的集团,更不愿认同儒家了。等到打着社会主义旗号来宣扬新民主的激进知识分子,也处处暴露"孔家店"和"封建主义"的遗毒,儒家竟变成妨碍中国社会跻登民主科学大殿的牛鬼蛇神了。不过,在情绪上对儒家反感最大、排斥最力的应该是当代以反传统为使命的中国女性知识分子。在她们的心目中,儒家简直和裹小脚、立贞节牌坊、娶妾养媳之类传统社会的歪风等而同之。因此,在她们眼中,《论语》里"惟女子与小人为难养也"和《程颐语录》里"饿死事小失节事大"的两句话,便成为儒家纯属男性沙文主义的铁证。我在这里提出儒家的女性主义,自然是有感而发。

首先,必须指出,从比较宗教学的立场来看,儒家对妇女解放运动并没有以神学为后盾的阻力,在理解男女终极地位方面,和犹太教、回教、天主教、基督新教乃至许多在今天尚大行其道的精神传统有截然不同之处。譬如天主教的妇女正在争取做"神父"的权利,犹太教的妇女正在争取做"长老"的权利,回教的妇女正在争取不必在公开场合掩首蒙面的权利,即使基督新教的妇女也在争取主持教会以传布福音的权利。儒家没有这种类型的限制。

然而也应指出,从社会实践的立场来看,受儒家文化影响极深的东亚地区,都还没有脱离男性中心的倾向。政治和经济的权力结构几乎完全掌握在男人手里,人与人之间的交往也以男权为主。社会上,男性活动的范围无所不包,女性则处处受到限制。男性如果行为不检,只会受到暂时的惩罚,女性则可能遭到名誉扫地的危险。妈妈离家出走是大逆不道,丈夫可以不辞而别。有教养的贤妻良母还得侍奉公婆,培育子女,甚至守个活寡。说穿了,在东亚社会里,以事业为前提的"外子"如果有了外遇,只不过加多几分"惭德"而已,假若掌理内务的"内人"居然红杏出墙,那才算"是可忍也,孰不可忍也"。男女受到双重道德的社会化,是不可否认的事实。

东亚女性虽然没有因神学哲理的缘故而受到精神禁锢,但却因浸淫在虚伪的社会习俗之中而受到了不可言喻的心理迫害。加上高等教育的普及化,以及女性大学生在文化及思想的素养上又远较一般男性大学生为高,自觉性较强的女性知识分子,因看不惯自己的姐妹们在父兄丈夫的男性社会中逐渐变成了一群缺乏反省能力的附属品,决定挺身而起,揭橥女权的旗帜走向社会抗议的险径,甚至牺牲自己的正常生活,为妇女解放而效命。儒家的女性主义是针对这批令人肃然起敬的女中豪杰而提出的。可是,不得不承认,儒家虽有放诸四海皆为准的仁学,乃至以天地万物为一体的胸怀,但儒家历史在女权运动方面不仅无法和基督教相比,而且远逊佛教和道教。

女性在基督教、佛教和道教的发展过程中都扮演了举足轻重的角色——圣母、龙女、西王母之类的大传统不待说,就是夫妇携手传播福音,比丘尼亦可立地成佛,以及仙姑到处显灵等民间流行的小传统也都可显示女性的重要性。在儒家的传统中,从大思想家到三家村学究,道统都由男士来继承。即使如孟子、欧阳修或岳飞的母教,也只不过是助缘而已。如何发展儒家的女性主义,是当今重建儒学人文精神的重大课题。这个课题更应由女性的儒家来推动、来完成。

1982 年 12 月 13 日

儒学在美国的初机

去年11月4日晚上,哥伦比亚大学专攻宋明儒学的讲座教授狄百瑞(Wm. T. deBary)到康桥来参加一月一度的新英格兰地域东亚研讨会。他以"中国的自由传统"为题,发表了一篇有关宋明身心性命之学的演说。担任讲评的是韩德林(J. Handlin)博士、史华慈教授和我。与会的当有六七十人,济济一堂,对儒家自得、自任、自省、自反及自立等观念的道德意义及时代意义进行了两小时的热烈讨论。以儒家权威主义解释中国政治文化而成名的麻省理工学院政治学教授白鲁恂(Lucian Pye)和强调儒家为官方意识形态的费正清(J. K. Fairbank)教授也在座。

会后,狄百瑞和我漫步到哈佛广场去喝咖啡,正是濛濛细雨满地黄叶秋意已浓的时节,怀德纳(Widner)图书馆的灯光呈现出一片幽明。狄百瑞却很兴奋地说,我们真是幸运,虽然纯属学术探讨,但愈研究愈觉得这个历久不衰的文化传统,和当今美国乃至世界的新兴思潮实有深厚而紧密的联系。他提到蕨林(L. Trilling)、柯恩(Mannice Cohen)和弗兰克(Charles Frankl)几位对美国人文通才教育——也就是俗称自由教育(liberal education)——极有贡献的人物。他们对美国学术界因走向价值多元而丧失了文化传承的共识,以及由此而带来的意义危机有深刻的体认。他们以为,如果要想重建人文精神,必须从人类根本共性处下手,才能引发真诚做人的源头活水。狄百瑞相信儒学在这方面可以提供一个很好的线索。因此,中国的,特别是儒家的自由传统,既能点出宋明大儒建立人格独立的终极关切,又能提醒西方自由人士正视道德修养的庄严意义。

然而,儒学要在美国开花结果谈何容易?还记得1966年和唐君毅先生在哥大校园对话的情景。他颇有"花果飘零"的感受,连说知音难得,又说即使在中国文化区里对"斯文"真有承当之念的,也是凤毛麟角。他认为美国青年学子中颇有几位求道心切的佼佼者,但只是浅尝,还谈不上什么体认。徐复观先生去世前,曾在纽约地区和几位关切家国天下大事的华裔学人就儒学问题交换意见。事后他神色黯然地对我说,没想到他们对儒家传统的反感、仇视和轻忽竟是如此!

唐、徐是儒学大师,在台湾地区偶然主动向他们请益的,多半也是儒术的同情者,至于真能有幸亲炙的虽不必是信道笃实的门

现龙在田:在康桥耕耘儒学论述的抉择(1983—1985)

人,大概总有以儒学立身的志趣,所谈的课题还是比较深入的。在美国从事儒学的教研工作,情形就大不相同了。知音难遇不待说,就连基本典籍也必须从句读开始。社会支援系统当然不存在。留学生中对儒学稍微熟习而且想进一层去理解的,又因生活压力及大环境的驱使,只能停留在玩票阶段。和其他宗教传统在学术研究方面欣欣向荣的情形相比,儒门淡泊真是于今为甚了。

不过话又说回来,近年来虽还常受到一些自居文化先进人士的干扰,譬如以曲解"民可使由之不可使知之"一语痛斥孔子宣扬愚民政策,或引"惟女子与小人为难养也"一句证明孔子反对女权运动之类(当然,站在一个儒学研究者的立场,这类课题仍值得深扣)。许多以前对儒家漠不关心或表示反感的人,目前对儒家"为己之学"的意趣已渐有心领神会的倾向。儒家的一般形象,至少在美国学术界,已大有改观的可能。

喝完咖啡后,雨停了,总图书馆的灯也熄了,校园一片寂静。快到分手时,我说雅斯贝尔斯曾用轴心(axial)一词描写公元前6世纪人类文化大放光明的时代,有几位神学朋友预言21世纪会成为第二个轴心时代。狄百瑞说,不论什么时代,儒家的人文精神将是一股不可抗拒的潮流,因此我们是幸运的。

1983 年 7 月 31 日

儒家伦理和东方企业精神有关吗？

亚洲工业地区——日本、中国台湾、韩国、中国香港及新加坡，过去30年来，在企业发展方面有突出的表现，这个事实已受到国际——特别是欧美知识人士的重视。如何去认识、分析并了解这个事实，也已成为学术界科际合作的新兴课题。

首先，必须指出，所谓亚洲工业地区在历史上和中国文化——特别是儒家文化，有密切的关系。因此，有些学者，比照马克斯·韦伯(Max Weber)有关基督新教伦理和西欧资本主义精神的提法，把儒家伦理当做东方企业精神的动源。美国社会学家彼得·柏格(Peter Berger)所主持的"现代资本主义"一计划就是采取这个观点。曾经膺选为英国国会议员的中国政治学教授马法华(R. MacFarquhar)，在1980年6月的《经济学人》上，以后期儒家社会的挑战为题，发表了一篇发人深省的专论。他认为放眼21世纪，将来取代以基督新教伦理为核心的西欧资本主义精神的，很可能

现龙在田：在康桥耕耘儒学论述的抉择（1983—1985）

即是以儒家伦理为动源的东方企业精神。儒家地区何以自第二次世界大战结束以来,在企业发展方面突飞猛进,便成为耐人寻味的研究题目。

所谓儒家工业地区,是根据历史文化而立论的。固然,日本、中国台湾、韩国、中国香港及新加坡都可划入儒家工业地区的范畴,但是它们各具特色,无论政治体制、社会结构或宗教价值,都不尽相同:日本有类似西方的封建传统、武士的英雄崇拜、根深蒂固的神道和第二次世界大战因军国主义勃兴而导致遍体鳞伤的惨痛经验;韩国直承朝鲜朝(14世纪末到20世纪初)500多年的"两班"贵族文化,社会上重视谱系出身,政治一般走大权独揽的路线,儒家乡校在民间代表保守势力,巫术的影响显而易见,佛教信徒特多,基督教则是一股动力颇大的新潮流;台湾从魏晋以来就和中国大陆发生血肉相连的关系,郑成功的反清和甲午(1895)战后爱国志士的抗日,可以说是中华民族的共识在台湾的体现。但是,不必讳言,因为台湾曾受日本控制长达半个世纪之久,在风俗习惯方面多少还带些东瀛情趣。30年来,台湾的中国意识自然大大的增强了,但在五六十年代,美国的影响也极为显豁;香港确是华人社会,又因和广东只有一水之隔,南海中国的意味很浓厚,每逢过年过节更是处处洋溢着传统中国特有的喜气。可是香港是英国属地,英国文官制度深入社会各层面,太平绅士的地位仍历久不衰,直到 1967 年才开始出现广泛的中国知识分子的自觉运动；新加坡的情况和香港有许多相似的地方，但这个坐落于马来世界的现代工业港城，是主动以多种语言和多元文化为标志的新兴独立国。固然，华人在新加坡总人数中占 70% 以上，但马来、印度和欧洲人也都是这个揭橥民主、并以工商自立的国度里受到同等待遇的公民。最近新加坡推行儒学，引起了世界各地的注目。这正是为什么国际学坛要追问儒家伦理和东方企业精神之间关系究竟如何这一课题的重要助缘。

值得一提的是，亚洲工业地区的新兴经济伦理，以及企业巨子所代表的价值取向，和西欧强调牟利动机、市场竞争、征服自然、优胜劣败和个人主义的资本主义精神有许多显著的分别。他们提倡忠于职守的集体合作，要求政府协助指导，反对惟利是图的心理，注意节约、修身、自律之类的人格修养。这些不能说和儒家伦理了无关涉，但关系究竟如何，那就非深扣不可了。

1983 年 11 月 12 日

介绍《海岳文集》

《海岳文集》是釜山春海医院院长金永韶博士先大人的心血结晶。1982年金院长访问美洲时,特别由幼女陪同转道康桥,亲自到哈佛大学把业已出版几达30年之久的文集一册签赠,而且还附送了两首即兴诗。从他那两首五言绝句,得悉金先生想要重刊《海岳文集》的意愿。金先生以古稀之年,风尘仆仆地从釜山飞到美国,专程寻访可能为其先大人重刊文集写一序文的知音,这种追慕亲情的志趣令人感动。我虽深觉自己昏聩如昔,极难应命,却不敢辞其所请,遂答应受而读之了。

《海岳文集》的著者金先生,讳光镇,字仲度(1885—1940),是位"风声、雨声、读书声,声声入耳;家事、国事、天下事,事事关心"的知识分子。他的文集20卷,几乎全用五言体写出,深感亡国、亡天下之痛而哀鸣,而怒吼,而苦思默想。这位曾经直接参加本国独立革命运动,并因事败亡命辽东的读书人,能在日本军阀控制之

介绍《海岳文集》

下,发挥东亚文明的抗议精神,一丝不苟地写出30多万个方块汉字,倾吐胸中积郁经年的悲愤以激励后进,是何等毅力!何等胸襟!

更难能可贵的是,《海岳文集》所体现的不仅是热情奔放的感情,而且也是经过动心忍性的工夫而凝定的理性。金先生的志趣不只是为历史作见证而已。他所留下的,固然是韩国独立志士不屈不挠的风骨,但《海岳文集》的基本精神是以检讨过去和把握现在为策励将来作准备。这种不只为过去流泪,为现在焦虑,而且要为将来拓展新希望、新境界的抱负,本是金先生那一代(也就是比中国"五四"更早的三一运动)的韩国知识分子的共识。因此,《海岳文集》的思想很有代表性,是当代东亚史中值得大书特书的一页。

自从鸦片战争以来,深受儒家礼乐教化影响的东亚文明,因不堪西方船坚炮利的袭击,暴露出柔弱、退缩、消极、内向和自卑种种弊病。只不过半个世纪,曾维系朝鲜社会长达400年的儒家伦理,就因抵挡不住西化的浪潮而变成了历史包袱。

甲午战争之后,日本的军国主义扬弃礼乐教化而以霸权争夺为生存之道,处处表现出社会达尔文主义的侵略意识。金先生目击朝鲜民族惨受蹂躏的命运也不禁发出反儒的呼声:

现龙在田:在康桥耕耘儒学论述的抉择(1983—1985)

> 可怜儒教入朝鲜　阶级服从为道德
> 南北老少分四色　互相倾陷不顾国

为了救国,金先生以为必须彻底消除儒家"高谈性命"、"轻视功利"、"居易俟命"、"收敛"、"主敬"和"伪善"等等弊病。他的反儒思想和五四时代中国学人群起而攻打"孔家店"的反传统思想,有许多相类似的地方。他责备安裕不该把儒学带入朝鲜,贬斥"朝鲜共慕名"的退溪为不能挺身担当的隐士,甚至宣称汉文是钳制民族创发生机的祸源。

不过,金先生的反儒绝非盲目地向传统进军而已。他的目标是想突破腐儒和陋儒的限隔,俾便在传统中引发可以浇灌新田地的源头活水。他以"不治儒术习韬兵"自况,提出机学、进取、用奇、伸收等策略为救国之道。他坚信"世间大小事非气不能行,天下伟功业尽是血汗成",所以仁人志士必须勇猛精进,培养英雄事业。他强调决心的重要,提倡极端思想、神速行动和断绝狐疑是"决心法"的三个特性。他呼吁爱国人士要学子房的勇气和胆力:"英雄大事业,俱从决心强;子房真有怒,怒秦秦乃亡。"他心仪诸葛亮的智慧和韬晦:"知机最精者,千古惟孔明。"他称誉唐太宗的"尚欲减情"是将家制敌的良策。他认为从子房的血气之勇入手,配合孔明的玄默深沉,终可达到太宗的霸业。

介绍《海岳文集》

《海岳文集》为了凸显"兵家虽贵谋,不如血汗圣"和"欲上立志者,智勇始为贵"的运思途径,特别采取了比较研究的方式。他从各种不同的角度反复讨论儒、道、兵三家的优劣。他的结论是:在今天这个天崩地裂和弱肉强食的危机时代,儒家的平实、虔敬和德育已不能应付顽强的敌人,必须以脱俗的静观,融会知机的决断,才可能杀出一条生存的血路。《海岳文集》的主旨即是为这个悲壮的民族自决提供心理建设的方案。他讨论沉浮、刚柔、缓急、动静、伸敛、质情、知行等极能启发实践动机的课题,都是针对这个主旨而立言的。他的"阳明论"对王学"知行合一"、"心即理"、"致良知"及"事上磨炼"几个基本命题作了一番分疏,在以朱学挂帅的朝鲜儒学史中,他提出不少发前人之所未发的见解。不过,金先生虽对阳明的豪情及其打破生死一关的勇气再三致意,他基本上并不赞同阳明在心上作工夫的儒门家法。

放眼将来,金先生认为韩国的富强之道必须构建在科学和宪法的基础上。培根的经验科学和英国的《大宪章》便成为金先生所谓"国家长久保"的基础。不过,金先生的思想虽有浓厚的西化色彩,他对中医却下过很大的工夫,而且对许多细节的药理问题提出了自己的看法。从他的诗里得知,他曾身体力行三全之法,也就是保全精、气、神以为修养身心的基本法则。其实,从《海岳文集》所引用的典籍,可以得知金先生是位博览群书的文士。他的"华

现龙在田:在康桥耕耘儒学论述的抉择(1983—1985)

阳讲会日记",短短10天之内就浏览了几部大书,正是"弱冠历访国内贤硕,多所见得"的注脚。他能旁征博引,用各种资料来说明自己的观点,也是涉猎经史子集而尤其致意于实学的明证。

1983年,我应退溪学会之邀访问汉城,永韶先生携夫人从釜山专程赶来晤谈。他特别珍惜金先生临终前的三首七绝:

中郎高义天上雪　学士芳名翰花春
万里逢君今握手　蓝田生玉始知真

一片台湾泛海中　如今回忆郑成功
吾人安得乔松寿　聊把沧桑见始终

可怜天上麒麟谊　散降人间未尽情
每遇难时飞锡救　旁观不禁感叹声

这首"赠苏学士景松君"的诗,反映了中韩交谊的一段佳话。据永韶先生的记载,祖籍高雄凤山的苏景松医师和他原是东京同志社中学的同学。苏先生曾补助他就学医专4年的学费。在老先生病笃时,他又特别辍其课业从日本赶去探望,并且代理医务数月,使其专心侍病。苏金两家结交50年之久,目前还常往来,情谊更笃。

  金先生去世满 5 年后韩国才光复独立。40 年来又经过多少变革，目前的时代已不大相同，但《海岳文集》是有实感而发的心语，只要设身处地，不难想见一位豪杰之士因痛感时艰而奋笔陈词的神情。

1984 年 7 月 8 日

儒家的动力
——为纪念陆彬教授而作

为了纪念维达里·陆彬(Vitaly Rubin)教授,以色列希伯来大学的杜鲁门研究中心及东亚研究系,从3月14日至17日在耶路撒冷联合举办了一个小型的国际会议。从北美前往参加的有华府美国大学的列文(Steve Levine)、哥伦比亚大学的狄百瑞(Wm. T. de Bary)、多伦多大学的秦家懿及我。匹兹堡大学的许倬云及密歇根大学的墨菲(Rhodes Murphy)因故不能赴会,但都提交了论文。希伯来的社会学家艾森斯塔德(S. N. Eisenstadt)和提阿维弗(Tel Aviv)的哲学家沙弗斯廷(Shaffestein)也在会上作了学术报告。

这个由中国现代史教授谢扶林(Ewi Shifferin)及中国思想史教授尹柏(I. Eber)共同主持的会议,以"儒家——一个传统的动力"为题,分别从孔孟之道的思想背景、宋明心性之学的精神价值以及当代儒学的创造转化三方面，对儒家传统及其发展作了哲学的分析和历史的评价。另外，也以儒家的道德哲学为背景，讨论了自由人权这个具有现实意义而且导源于西方文化的价值。陆彬夫人表示，这个筹划了一年多的儒学研讨会，是哀悼 1981 年夏天因车祸而丧生的亡夫最适当的形式；接着她说，如果甫及花甲的维达里还在人间，这也必是他所向往的一种学术交流。

我第一次听到陆彬的名字是在 1971 年。当时一位访问伯克利加州大学的苏联汉学家给了我陆彬用俄文发表的一篇文章：《中国古代权威的两个来源》。请同事把大意译出后，才知道是探讨儒、法思想并且坚持尊儒抑法立场的专论。

1972 年陆彬发表在《纽约书评》（*New York Review of Books*）的一篇投书，引起了学术界极大的震荡。针对苏联当局不让犹太知识分子移民的高压政策，他发出了抗议之声："知识分子有自由吗？"他的呼吁引发了风起云涌具体而全面的支援。以哥伦比亚、密歇根、伯克利三大学及亚洲学会等民间学术组织为基地的美国学术界，配合以色列的犹太学者，呼吁声援陆彬。广泛的签名运动于是在欧美各地展开了。有些学术团体甚至以断绝科学交流作为对抗苏联当局的高压手段，连在巴黎召开的最后一次世界"东方学会"（好像是 1974 年），也动员关心陆彬事件的学者，作为声讨苏联违背基本人权的道场。经过长期的奋斗，最后才逼得苏联当

现龙在田:在康桥耕耘儒学论述的抉择(1983—1985)

局不得不让陆彬出境。

陆彬是在苏联出世、生长和学成的犹太儒学知识分子。在他离开莫斯科移民以色列之前,曾长期担任苏联国家科学院中国古代思想,特别是先秦儒学的研究员。他是杰出的汉学家,以研究与《左传》有关的历史课题取得博士学位,对法家、名家以及道家也都广泛研读,并有论文问世。他的教研重点则是先秦儒学的人文思想。的确,他在儒学中找到了安身立命的存在意义。他的专著的特色,即是从个人与社会的关系来考察中国古代哲学中孔孟之道建立自我尊严的运思方式,因此,特别强调孟子所标示的"富贵不能淫,贫贱不能移,威武不能屈"的大丈夫精神。1975年,他获准移民以色列,开始在希伯来大学讲授中国哲学以来,对儒家"君子"的内涵用心最深。他在台北召开的汉学会议(1980)即提出了有关君子一观念的哲学论文。

陆彬纪念学会的第二天,我从"创造转化"(creative transformation)的角度,对当代儒学因主动地、自觉地接受西化考验而"灵根再植"的现象提出了自己的看法,引起不少讨论。会后,陆彬夫人耐心地留下,等和我交换意见的教授和学生都纷纷离去,才走过来说:"如果维达里能参加这次的对话(dialogue),他一定会喜形于色,你们的思想有许多可以交通的地方,他一直希望能和你见面论学。"接着,她递给我一个大信封,并且告诉我里面的6页影印,出自陆彬日记，本来是为评论我的一本论文集随手写下的感想。她知道我不识俄文，还答应说译稿完成后，也寄一份给我。

陆彬教授评我《人性与修身——儒学论文集》的长文，已在《纽门》(Numen)学报刊出。去年12月，我在纽约参加美国宗教学年会的时候，曾在书展里偶然看到他以"儒家的价值"为题的专评。因为那时，我已从友人处得悉陆彬逝世的消息，站在书展的人群中，把专评细读一遍后，不觉悲从中来。这位没有见过面的同道，从我已形诸文字的散离思想中，竟对我内心的终极关怀有如此一针见血的评断，应是难遇的知音了。当时我即许下到他灵前致敬的心愿。

离开耶路撒冷前一天的下午，由陆彬夫人伴同，和狄百瑞教授一起驾车到一座圣城景色尽收眼底的公墓，在维达里灵前行了三鞠躬礼，又仿效犹太民俗在地上拾得小石一子轻轻地安放在他的石棺上：我们总算相遇了。

1983年4月17日

一阳来复的儒学

——为纪念一位文化巨人而作

在美国麻州的康桥,读了友人寄来联合报系《中国论坛》的当代儒家专号之后,才3天就应邀到这个以湖光山色著称的欧洲名都——苏黎士来参加由苏黎士大学哲学部主办的国际禅学讨论会。能和莱登大学的许理和(E. Zürcher)、加州大学的阿部正雄、东京大学的杜慕兰(H. Dumoulin)及海德堡大学的谢科(D. Seckel)等学界高人聚谈请益,已有不虚此行之感。又因东道主贾保罗(R. Kramers)的安排,能和从事研习中国文化的瑞士同学交换求学经验,更觉机缘难得。

我虽以中国哲学从业员的身份来此发表有关早期禅学特质的公开演说,但因为我的教研重点集中在儒学,同事和同学们在会外提出的问题多半和"孔孟之道"有关。贾保罗教授曾在香港从事学术工作有年,又曾负责编辑专门介绍中外新思潮的《景风》,因此对当今儒家的代表人物——唐君毅、牟宗三和徐复观三位教授有相当程度的认识,话题常自然地转到儒家与现代化的领域。有两位研究生正分别从事于以陆象山和刘宗周的思想为重点的论文撰述,交谈的对象不期而然便触及宋明心学能否为当前西方道德哲学提供新方向之类的题目。会议结束之后,我参加了"苏黎世交谈"(Züsicher Gespräch)的主持人之一——凯斯特波(M. von Castelberg)女士为我安排的午餐。因为唐先生十年前曾在她的别墅和欧洲思想家,如马塞尔(G. Marcel)进行过对话,不免又谈到儒学。

《中国论坛》的当代儒家专号,对我在苏黎世所接触到的课题提供了一些运思的线索,帮助我对儒家的现代转化获得了一个较客观、较全面的理解,使我能站在学术立场,心平气和地申述自己的观点,因此获得了对继续反省这类课题极有教育意义的回应。我写这篇感想的目的之一,即是对参与儒家专号的海内外学长们表示敬意。不过,儒家专号对唐、牟、徐三公的哲学探究、学术成绩乃至公众形象,都只是根据个人的认识提出想当然的意见,难免给人一种浮光掠影的印象。当然,这本是座谈纪录的特色。其实,儒家专号不论从发言内容或编辑形式来看,都可说是水准极高的座谈记录。可是,要求评价当代儒学,谈何容易。至于品题五四运动以来献身"斯文"的新儒,那就更非只宣泄情怀所能达成的了。由

现龙在田:在康桥耕耘儒学论述的抉择(1983—1985)

于这个原因,我虽然肯定专号从各种角度来介绍"新儒家和中国现代化"的大胆作风,但对其评价当代儒学和品题当代儒家的结论则大有保留的余地。其中最难使我心服的,是对唐君毅先生的理解。举例而言:林毓生教授在发言记录中竟毫无保留地斥责唐先生思想含糊不清,并特别表示唐先生从黑格尔哲学和华严佛教的观点来分析中国哲学的方法是其糊里糊涂的病症所在。这种提法既对前贤往哲缺乏起码的敬意,又暴露出借题发挥的武断,颇令人费解。这是我不顾旅途奔波的干扰而决定动笔行文的另一目的。然而,真正激励我自知浮荡心境不易成思而又不得不勉为其难申述己怀的动机,则是对唐君毅这位"文化巨人"(牟宗三先生语)表示一点怀念和钦慕之情。这才是撰写这篇感想的主旨。

严格地说,我因无缘长期亲聆唐先生的教诲,不能算是他的及门弟子。但自从50年代因"东方人文友会"的关系,在台北和他初次见面并向他请教《中庸》里"鬼神之为德其盛矣乎"一句的含义以来,我从未间断过私淑其人的意愿。60年代我曾到香港向他请益,后来因参加各种学术会议的机缘,也和他一起同游过纽约、京都和佛罗伦萨。1968年夏天乘第五次东西哲学家会议之便,我还一偿宿愿在夏威夷聆听了他向美国大学生介绍中国哲学特质的演讲课(lecture course)。

唐君毅先生到苏黎世参加"交谈"不久,也许是1971年吧,我在海德堡碰到两位刚才亲睹唐先生丰采的德国学人。他们很兴奋地表示，能够列席唐先生和马塞尔"对话"的盛会，真是三生有幸。他们对唐先生引用西方哲学传统的譬喻阐明儒家智慧的方便善巧感到由衷的叹佩。他们还特别告诉我说，年届八十的马塞尔和唐先生对话之后，兴致勃勃地和大家畅谈到深夜，并且再三嘱咐年轻的朋友们千万不要忘记东西文化继续交流的重要性。

在东西文化交流史上，保罗·田立克(P. Tillich)和日本以禅宗为基础的京都哲学学派的"问答"，可以说是一次高峰。不幸田立克从日本返美后不久就谢世了。他在哥伦比亚大学发表的、有关基督教因遭受非西方文化的挑战而涌现新思潮的演讲集，只透露一些晚年定论的消息而已！和田立克问答时代表京都哲学的，也即是目前荣任日本哲学界祭酒之尊的西谷启治教授，也参加了苏黎世交谈。他曾亲自对我说，唐先生的学养和洞识是当今绝无仅有的文化现象。日本学术界推崇唐先生为中土硕儒，绝非溢美之辞。哥伦比亚大学的狄百瑞教授则决定把一次由美国学术团体联合委会(American Council of Learened Societies)所资助的国际宋明儒学研讨会的论文集，献给也参与其会并提出论文的唐君毅先生。当时在会上发表专论的还有日本山崎闇斋学派的传人冈田武彦，参加讨论的还有日本汉学界的元老吉川幸次郎。但是，唐先生在大家心目中还是众望所归的长者。

现龙在田:在康桥耕耘儒学论述的抉择(1983—1985)

我曾陪伴唐先生乘火车从米兰前往佛罗伦萨观光。还记得他老人家一路论学,几乎没有片刻休息的念头。谈到西方哲学,他的渊博和洞识竟像源头活水般地涌现出来。我虽然以前曾到过这个意大利的名都,而且也已旁听过一些专门介绍文艺复兴的大班课,但是当唐先生面对米开朗琪罗的石雕,阐述西方人文精神的时候,我只觉沉醉其中,意味无穷。

唐先生对西方哲学曾下过系统而深入的工夫,从苏格拉底以前的希腊到海德格尔后期的德国,都在其观照之中。他对黑格尔自然知之甚稔,不过说他因为用黑格尔的思考方式来研究中国哲学,结果犯了语无伦次的毛病是无稽之谈。推崇英美自由主义的学者,常不自觉地就暴露出对欧洲大陆哲学,特别是德国哲学的偏见和无知。最近德国海德堡大学的海里希(D. Henrich)教授在哈佛大学访问,特别开设了一门介绍黑格尔哲学的课程。根据我听讲的经验,黑格尔哲学中确有不少艰深难懂的地方,但这绝不是因为语言运用不够精炼,更不是逻辑思考尚欠周密所导致的不良后果。唐先生的接触面极广,思想极丰富,行文时又常主动地采用辩证的方式。如果用一般所谓文从字顺的尺度来衡量,自然会得出糊里糊涂的结论。但是我们假若肯以"学心听"的态度慢慢地去体味他的心迹,即使不能登堂入室,至少也会意识到唐先生鞠躬尽瘁以毕生精力开拓心灵境界当有其庄严雄伟的门墙。

说到心灵境界，唐先生在佛学方面确也下过系统而深入的工夫。他对华严宗有精湛的妙悟是可以想见的。其实，当代儒学大师对佛教有一定的理解是常态而非例外。熊十力先生以造《新唯识论》而归宗大化流行的《易经》固然不待说，梁漱溟、方东美、牟宗三诸先生也都深体中国佛学的"波罗"与"涅槃"。如果一个从事东方学术思想研究的学人对佛教竟毫无兴趣可言，那才是不可理解的怪现象。陈观胜先生曾对我说，梁启超的佛教思想并不容易掌握。中国现代化的先驱受佛教影响的当然不止任公而已，章太炎即是一例，谁又能判定他的弟子们不曾受大乘思想的熏陶呢？至于高唱实证主义的胡适，为什么花大气力从敦煌文献中重建神会和尚为南宗夺回法统的声威，那就更耐人寻味了。

然而，必须指出，唐君毅先生"任重道远，死而后已"的学术生命，是当代儒学经过好几代花果飘零后得以灵根自植的明证。他这种夙兴夜寐不辞辛劳地既研读哲学名著向西方智者如黑格尔学习，又细嚼佛教宝典向中土大德如杜顺学习的求道精神，是使得淡泊如今的儒门能够一阳来复，逐渐光大其思想境地的动源。

1982 年 12 月 2 日《联合报》副刊

徐复观先生的胸怀

——为纪念一位体现了忧患意识的儒学思想家而作

中国有良心、有理性的知识分子,总是站在广大人民的现实生活和长远幸福的立场,为历史文化的开展、学术慧命的延续以及共同意识的阐发而努力,而奋斗,而牺牲。虽然他们并不直接参加生产劳动,在农耕和制作方面创造文明的价值,但是他们以"先天下之忧而忧,后天下之乐而乐"的胸襟,确实为古往今来中华民族每一分子的身体、心智、灵觉和神明各层次的合情需求与合理表现,作出了不可言喻的贡献。

孟子所标示的"劳心者"绝不是骑在劳苦大众头上,为统治君王服务的寄生阶级,而是主动地、自觉地为芸芸众生的大义大利争取生存、生活、教育、艺术和宗教等基本权益的社会良心的代表。这批体现社会良心的知识分子,不论从原始儒学的理想形态或儒家伦理在中国政治文化中的特殊表现来看,都不是超脱现实而究心于抽象思考的旁观者,而是扣紧存在,以体验人生为天职的参与者。严格地说,他们不仅不脱离由农、工、商以及其他社团所组合的沉默大众,而且他们是通过身体力行的实践工夫,因和各行各业的全体利益紧密连接而获得为沉默大众发言的知识劳动者——既劳心又劳力。

知识劳动者是中华民族足可引以自豪的优良传统。儒家传说中的大禹,正是既劳心又劳力的知识劳动者的典范。大禹有洞悉天文地理的睿智,有全盘认识如何解决洪水泛滥成灾的见解,有大公无私的心胸,有以身作则亲自参加劳动的实践精神。这种和劳苦大众共患难、共生死,惟天下太平是问的悲愿,说明了中国知识分子的本色。希腊哲人探索宇宙根源的惊异之情,希伯来先知礼赞上帝伟大的敬畏之感,表现在古代中国,即是尧舜禹汤文武等圣王的忧患意识。

根据这条运思的路线,孔子的绝学堪忧和文王不顾个人生命的危机而致力于推演易道以探索宇宙变化的悲情是一脉相承的。孔子一方面说"仁者不忧",同时又承认对当时道业不修、学术不讲的风气,抱着忧虑的心理。他对自己生死荣辱置之度外,因此不惑,不惧,也不忧,但他对群体大众的现实生活、历史文化的最高理想乃至生生不息的天命,却有深刻的存在感受。

徐复观先生逝世已有一年之久。读其书想见其人,我深深地

现龙在田:在康桥耕耘儒学论述的抉择(1983—1985)

意识到在他心灵里所荡漾的精神命脉实是前面所说,从中国泥土里涌现的源头活水。他是一个真正能认同(也许应说是体同)广大农民千百年大福大利的读书人。同时,他是一个奉献民主的斗士,一个敢向现实政权挑战的人文自由主义者。他的耿直,他的悲愤,他的怒吼,都是力的表现:不是王龙溪所谓的气魄承担的勇力,而是经过无数转化和超升才逐渐凝成的智力。他的接触面广,涵容性大,敏感度高,所以能够广结善缘,让淡泊的儒门获得各方道友的支援。但是,作为一个知识劳动者,他不向任何学术权威低头,也不接受师承家法,而是以独来独往的情怀,阐述中国文化的内在动源。他是身体力行的儒学思想家。

1983 年 5 月 1 日

孤往探寻宇宙的真实

——重印《尊闻录》

熊十力先生（1885—1968）是中国当代"规模广阔，神解卓特"的哲学家。他以"清、奇、秀、逸"之气，对毫无真性情、真感受的青年学子作狮子吼，让他们一窥学术思想的存在意义；他以雄浑的健笔，为体现原始生命和原始智慧的大易传统写下了可歌可泣的证词。在西化狂飙吹散中土自家无尽藏的时代里，他直接反求本心，摒除浮泛世俗的杂说以及没有源头活水的曲见，自定方向，以孤往的大勇，终身在学问思索中作冥会"见体"的功夫。他曾深入佛教唯识宗的理念世界，后因苦参"轮回"问题，转而究心于儒家万物一体的仁学。但是，他虽以儒者自励，并不专守儒术，因而在他的哲学论著中，对孟荀宋明诸儒都有直恁坦率的批评。有人以为他的学问从王阳明入手，他只承认："不若谓吾自得而后于阳明之言有深入也。"他对王夫之（船山，1619—1692）因痛感时艰而

现龙在田:在康桥耕耘儒学论述的抉择(1983—1985)

绝迹人世,以大雄无畏的悲愿著书立说,为接续华夏慧命而奉献一切的孤往精神,则衷心叹佩。

熊先生的"孤冷"是"大感触"之后的存在抉择,是坚决不只作个"空疏迂陋"、"规行矩步"而"没有一点活气"的道学家的人生志向。他在30多岁的时候初读《儒林外史》,"觉彼书之穷神尽态,如将一切人及我身之千丑百怪一一绘出,令我藏身无地矣"。这也是他为什么痛斥李塨(恕谷,1659—1733)耐不住寂寞,往来公卿名流之间,虽然号称弘扬身心性命之学,而"实伏有驰骛声气之邪欲而不自觉"的原因。熊先生对社会上的坏习气——"贪婪、残酷、愚蠢、污秽、卑屑、悠忽、杂乱种种"——认识深刻,因此大声疾呼,要有志人士忍着"生命被侵蚀"的"创痕",跃然而起为了自己的人格尊严"而与侵蚀我之巨贼相困斗"。因此,他的孤冷,不是高傲,不是避世,也不只是独善,而是决意突破以"贱心""轻心"而随俗浮沉的至情至性。熊先生所揭橥的进学途径是"变化的,创造的,不是拉杂的,堆积的";他的终极关切是"做鞭辟近里切己工夫"以达到孟子所谓深造自得居安资深左右逢源的境地。他不赞成梁漱溟先生的"含蓄",以为"人不孤冷到极度,不堪与世谐和",正是因为他深信"等闲识得东风面,万紫千红总是春"的。圆融自足是要靠"自身有一个主宰,浑然与物同体,健行不息"的大彻大悟,因此,他坚信,要想见得这个主宰的真面目,必须通过长期

"孤守"、"保聚"和"凝摄"的反身工夫。

由反身工夫所体现的哲学思辨,是以证会"本体世界的真实"为意旨的,不离闻见亦不脱经验,但不能从一般知识积累或逻辑推论而得。工夫的起点,是从本心的"萌蘖"处下手。熊先生以为,我们如果积极地究心于自家本有的"这点萌蘖去努力创生,若火始然,若泉始达",终必"可望此萌蘖之滋长盛大,若火势燎原,若泉流洋溢成江海。"所以,熊先生一再表示,为学切要工夫必从收敛精神集中心力以扩展自家本有的这种萌蘖开始。熊先生的哲学巨著《新唯识论》,自署为"黄冈熊十力造"并申称"今造此论,为欲悟究诸玄者,会知一切物的本体,非是杂自心外在境界,及非所行境界,惟是反求实证相应故",正是这个意思。《新唯识论》共分三卷,上中两卷的文言本早在1932年即由私人集资刊行,语体本迟至1942年才在重庆问世,下卷1943年春完成。全书由中国哲学会赞助,付商务印书馆出版则在1944年。1947年该书在上海重刊,同年又以四册本收十力丛书中。

《新唯识论》是当代中国哲学界以纵贯旁通、辨析入微的系统结构来阐明推扩体验身心之学的奇书。这本书从《明宗》点题起步,以性智的反观自照,考索"唯识"、"转变"、"功能"、"成物"四大课题,历经无数曲折,而归结到"明心"章"自性毕竟能成"的结论。其弘扬"即用显体"、"天人合德"以及"性修不二"的大易精

现龙在田：在康桥耕耘儒学论述的抉择(1983—1985)

神一气呵成，足证数十年的深思熟考果是以"变化的，创造的"初机解决哲学发端的根本问题："宇宙实体之探寻。"熊先生在40多岁的时候曾发宏愿说，俟《新唯识论》成书后，还要撰写评判佛学，论述中国哲学思想以及略论中国文化三部大书。熊先生提出这个悲愿时，正当卧病医院濒临个人生命"虑将不起"的危险关头。他一方面以"不及著述为惧"，但同时对自己的文化使命亦处之泰然："吾即著书，天地间何尝增得些子，吾不著书，天地间又何尝减得些子。"(《尊闻录》页五十七)

从大易流行的宇宙宏观，即使孔子无言，"四时行焉，百物生焉"的浩浩大化，亦增减不得些子。但是站在学术文化的立场，熊先生以"心理的势力""起生理的废坠"，确是中国哲学界的大事。熊先生尝说"做人不易，为学实难"。他以毕生精力，苦心孤诣地开创出一条做人为学的康庄大道，让慑服于功利富强之风，陷溺于浮夸轻率之习的青年学子得以猛发真心，以至诚变化气质，荡除时人的颓风与积习，俾得在茫茫混乱中"当门定脚"，以实现尚友千古的高远志趣。这种气魄宏壮人格旷达的学术事业，虽然如熊先生坦然自喻，不免"黄河万里，拖泥带水而行"，但就提携后进的"向上一机"而言，真是振聋发聩，"岂曰小补之哉"！

正如牟宗三先生所说，《新唯识论》"融摄孟子、陆王、与《易经》而为一。以《易经》开扩孟子，复以孟子陆王之心学收摄《易经》。直探造化之本,露无我无人之法体。"根据熊先生的存在观,法体即本心,亦即生生不息的创化之源。熊先生对宇宙实体的探寻至此趋向方定,以后评判佛学,论述中国哲学以及略论中国文化的语言文字,都环绕着这个主导思想而展开。他 1936 年完成的《佛家名相通释》,1945 年冬季刊行的《读经示要》以及 1947 年付印的《十力语要》,都是例证。熊先生锲而不舍,"掉背孤行,以亢乎往古来今而无所悔"的志趣,在 50 到 60 年代这 10 多年间表现得最为突出。早在冥思《新唯识论》的 20 年代,熊先生已清楚地意识到"在此欧化时代,唯物思潮汹涌之际,吾所为者,极不合时宜"。然而熊先生在 1956 年竟勇于刊刻以"外王"和"内圣"为主题的《原儒》一书,正如陈荣捷先生所说,实是儒学不坠明证。接着,熊先生在 1957 年写出《体用论》,1958 年撰就《明心篇》,完成了自己的晚年定论。同时,他以警世的心情作了《韩非子评论》。熊先生老当益壮的风骨,在《乾坤衍》——以广大悉备的易道阐明中华民族精神实体的哲学论著里表露无余:"余患神经衰弱,盖历 50 余年。平生常在疾苦中。而未尝一日废学停思。余之思想,变迁颇繁。惟于儒佛二家学术,各详其体系,用力尤深。本书写于危病中,而心地坦然,神思弗乱。此为余之衰年定论。"《乾坤衍》刊行于 60 年代,上距最初刻印的《十力语要》与书信——《尊闻录》——忽忽已是 30 多年之久。

现龙在田：在康桥耕耘儒学论述的抉择（1983—1985）

《尊闻录》是根据熊先生最初授学时随侍左右的及门弟子高赞非亲炙先生教诲四五年（1924—1928）的心得日记所辑成。高氏原稿有10万多字，本来只是个人进学历程的成绩，并没有广为流传的意思。可是"自丙寅（1926）以来，先生脑病忽厉，背脊且虚，心情焦苦殊甚"。亲近的朋友和学生都"深以先生未及著述为惧"，于是才获得熊先生的首肯，由另一位年事较长的弟子张立民"就斯录而加以拣择焉"。经过张氏大刀阔斧的删节——把全部谈论时事及大半问学的材料概行去除——只剩下"关于高深学理之谈话，记得不差者"3万余言。这批珍贵的记录，加上高赞非手抄熊先生的论学书简1万多字在1930年付梓刻印。这就是《尊闻录》刊行的原委。

《尊闻录》这本保存熊十力思想本源形态，特别是有关新唯识论运思趋向的第一手资料，世间流传极少。这有两个原因：一、刻本最初只暂印150部，即使有续印，总数不会超出500，而且多属"分赠友好"。二、在1947年《十力语要》增订本刊行时，熊先生决定"以昔时高生所记《尊闻录》，编入《语要》，为卷之四"。不过，编入《语要》卷四的高氏记语没有张立民的序言，《尊闻录》的本来面目也就暗而不彰了。前年暮春，承汤用彤（锡予，1893—1964）先生的哲嗣，正在北京大学讲授魏晋玄学的汤一介教授赠送原版《尊闻录》一册。这部线装书虽然历尽沧桑，但没有脱缺现象，而且毫无疑问地,是所有目前在海内外所刊行的熊十力著作中印刷最精美、款式最大方的本子。因此,重新印行《尊闻录》是对熊先生表示尊敬,也是为愿闻夫子之道的读者大众服务。

1983 年 8 月 13 日

儒学访谈

工业东亚与儒家精神

白琼芳、谭家瑜整理

在今天的80年代,可以看出世界上有三种类型的工业文明,一个是美国和西欧,一个是苏联和东欧,再就是工业东亚。工业东亚早期(指50年代)是美国为了阻止共产主义的扩张而形成的反共阵容中的一个环节。因此,即使没有美援,也多少受到美国文化的影响。受了美国文化影响后,这个地区逐渐成了开发中的国家,而它的发展模式是资本主义社会的发展模式。到了60年代后期和70年代,工业东亚的发展形成了一股动力,这时候,它所表现的资本主义的精神和社会学家韦伯(Max Weber)所研究的古典资本主义精神,即美国和西欧的资本主义精神,已不尽相同。

古典资本主义的特点是:市场经济的机制突出,个人主义兴起,个人牟利的动机受到重视,经济制度和政治制度之间是相抗衡的,且有相当程度的冲突;企业的发展和政治的领导是不相容的。

因此,财富变成大家追求的目标。韦伯研究古典资本主义时,发现基督新教(特别是加尔文教)伦理与资本主义有很密切的关系。他曾说过一段话:"财富对基督徒来说,原是轻轻披在身上的外衣,随时可抛弃。没想到,经过 100 年之后,这个轻轻披在身上的外衣变成了一个铁笼(iron cage),大家就在这个铁笼里面,跳不出来了。"这个描写说明了新教伦理和资本主义之间的关系是事先没有预期到的一个曲折的发展。真正的基督徒当然不是要赚钱。新教伦理有一说法,就是个人必须衷心面对上帝,他在社会上的表现,例如财富的积累以及生活的勤俭,都和上帝的召唤有关。韦伯曾对一些大企业家作过调查研究,发现他们都有一些特色,就是非常勤劳节俭,可以赚很多的钱,但是生活非常朴实,积累了许多资本不用,又花了很多力量发展出新的创造资本的方式。可是,后来新教伦理和资本主义的关系有了改变,形成一种新式的资本主义。

最大的差异

工业东亚发展的模式和西方最大的不同是,它是在以前受儒家文化或儒教影响非常大的社会出现。从历史上来看,13 世纪的中国、15 世纪的朝鲜李朝、17 世纪德川幕府的日本,在西方文化撞击东方以前,都是受儒家文化的影响,特别是在政治文化方面。当然,中国除儒家外,还有佛教、道教等民间信仰,日本有神道教、佛教,韩国有巫教、佛教的影响。但是,东亚的政治文化、家庭制度以及社会文化精英(知识分子)所受的正式教育等,多半是儒家的熏陶。从1840年到1940年,儒家没落了100年,最明显的是在知识层面、知识界。但是,儒家思想对社会上一般老百姓,不管是商人或工人,是不是仍有它的作用?经过西方撞击,尤其是美化、美援后,所带动的一些生产力,除了西方模式之外,是不是还加上了当地的一些源头活水?

有趣的现象

从一般现象来看,工业东亚有一些很有趣的特点。

首先,这些地区的教育占有很重要的地位,不论是正面或负面。从负面看,这些地区都深受考试制度的影响。在台湾地区、日本、韩国、新加坡,都有为考试不及格而自杀的现象。许多人为升学主义而考试,不但动员学生全家,甚至整个社会的注意力也集中在升学考试中,这种情形在欧美、南亚乃至中东都很少见。

其次,政府和企业间的联系千丝万缕,说好听点是政治领导,说不好听就是某种程度的政治控制。日本做得较好,是因为有个既是官方,又不是太属于官方的通产省;新加坡完全是政治领导;

台湾地区、韩国又有些不同。即使香港地区也没有完全的自由市场,英国政府也透过某种巧妙安排来领导。

再有就是,以前一般人认为现代化的重要指标之一是把传统的牵连打破,但是工业东亚在西化或现代化过程中,这种现象不很明显。相反的,传统中的家族观念、乡土观念、同学、亲朋各种机缘所凑成的大家族观念等,在这些社会表现十分突出。

现在,研究工业东亚的西方学者最感兴趣的是所谓"龙脉"(dragon path)——从印尼首府雅加达、马来西亚、新加坡、香港地区到台湾地区——由一群人直接控制和导引的发展模式。这些人多是华商,彼此都有某种关系——或是亲戚,或是婚姻关系。这批人不是一个企业团体,而是一个金融团体,为了各种不同的目的,可以集结很大的资金,与西方现代资本发展的方式根本不同。

是什么样的关系使这些人联合在一起?其中牵涉许多社会、文化的因素,不是西方人所能理解的。在西方,即使最好的朋友,在商业上的来往,仍要签约,甚至盖章。东亚社会则完全是面对面的关系,速度很快,有时一个电话、一张字据,或一句说话就可以解决很多问题。有时候,政府的一个保证,一般人不见得能接受,而与某个财团有关系的人一做保证,马上就有信用。这种资金运用的方式可以说很"土",但又很现代,因为它确实在复杂的社会中发生作用。为什么有这种现象产生?一些东亚研究专家指出,从外在因素来看,就是第二次世界大战后,该地区有强烈的不安全感,惶惶不可终日,所以大家拼命努力发展。日本毫无疑问是如此。日本有一度幻想小说盛行,假想日本突然陆沉,生态环境不宜生存,但日本有无穷的资金,可以设法跟澳洲等其他国家打交道,谈判移民,甚至移到外太空的星球。香港地区也是个极明显的例子,一有风吹草动,整个社会就动荡起来。台湾地区也是如此。新加坡的感觉是"我们没有第二线,我们完全地暴露,所以不能犯任何错误,只要犯错,我们就完了"。这些学者认为,是这种不安全感促进工业发展、资本累积、储蓄资金。但是,这种解释有它的片面性。因为,最近西欧也有不安全感。

不依赖法律

西欧认为将来美国起来了,亚洲起来了,西欧就要没落了。但他们的反应并不是积极朝向工业发展,反而是享乐主义,今朝有酒今朝醉。譬如,西德许多人到泰国旅行,挥金如土,根本不要储蓄,认为没什么远景。东亚社会的储蓄相当可观,比例很高,如果说是纯由不安全感引起,怎么可能放着这么多钱不用?所以外在因素并不能完全成立。

东亚社会还有一些特点。这个地区有一种关系,傅高义(Ezra

Vogel）称之为"道德社群的关系"——维系社会秩序的不是一个抗衡制度。美国是抗衡制度的社会，抗衡制度的维持必须靠法律。东亚社会多半不是如此，人与人之间的交通靠"礼"，这个"礼"并不是指礼貌，而是一套习俗的语言，它往往可以很不道德；对家族内部，什么事都行得通，对外却斗争惨烈，确实不是一套由法律来规定的制度。

最近，有一项对日本的调查指出，日本全国律师不超过39,000人，美国去年出来的律师就有35,000人。日本律师、工程师的比例是1∶7，美国正好相反，7∶1。美国律师如此之多，显示任何事都要诉诸法律，日本则不同。日本最近有个极有趣的例子：一对夫妇外出，把孩子交给邻居看管，由于邻居的疏忽，孩子受了伤，于是这对夫妇告到法庭，法庭判决邻居赔偿。这件事公诸于世后，这对夫妇收到来自全国各地谴责他们的信，信中指责他们太不应该了：邻居帮他们看孩子，他们不但不感谢，反而诉诸法律，而且还拿赔偿费。最后这对夫妇退还赔偿费，与邻居言归于好。美国律师讨论起这件事，都感到无法理解。

送礼的哲学

东亚社会可说是一种"信赖社会"，这并不是说东亚社会比较讲信用。它有法律,但是许多民事问题不一定诉诸法律,多半是靠中间人调停,关系相当复杂。例如日本最复杂的艺术就是送礼,不能送太好,也不能送太坏。送太坏给人骂,送太好给人笑,人际关系极繁琐。没有经过这套礼俗,总是会犯错,这非经过长期酝酿不可。

另外,这个社会也没有发展出强烈的个人主义色彩,而是群体主义、集体主义。所以,日本企业管理对美国有了威胁,美国却无法学,因为日本的企管虽与技术有关,而与文化之间的复杂关联才是特色。

除了教育、礼俗、社会组织、储蓄习惯、政府领导等特色之外,东亚社会有它的文化认同感,也就是社会同体感,说羞耻感也可以。譬如日本"皇军"在其他国家有暴力行为,会引起日本全国的震荡。中国台湾近年来对少棒的狂热也是一种表现。这种同体感是怎么出现的?很难说,也许是危机感造成。同体感很容易被政治所利用,因为它拥有很多的精神泉源,要动员起来非常容易。

动员的力量大

美国因为是抗衡的社会,政治上要发生负面作用不容易,但要将人团结起来为共同目标努力也不太容易。而东亚社会则是统一

现龙在田:在康桥耕耘儒学论述的抉择(1983—1985)

规划,因此动员的力量很大,将这种力量政治化以后,可以发动很多暴乱。韩国的情形很明显,日本也有暴动,但多半是一种礼俗的(ritualized)暴动,学生和警察之间有某种默契,闹到差不多要暴力升级的程度就解散,所以整个大的社会看起来较安全。这种共识的出现,可能与种族、文化、政治、教育有关。

由这些现象来看,工业东亚与西方古典资本主义发展的模式有距离。韦伯在研究古典资本主义时,曾提出一个问题,很值得我们探讨。他指出:儒家文化为什么没有把资本主义带动起来,主要是因为儒家文化的精神方向是与现实世界取得妥协,不像基督教文明是和现实脱离,要征服世界,转变世界。所以儒家没有发生很大的动力。

内在的矛盾

但事实上,儒学是一种可以转化政治、社会道德的精神泉源。可是,儒家有它内在的矛盾性,这可从两个角度来看。一是整个东亚文明,尤其是中国的儒者,都是以道德理想转化政治,即将政治道德化。但实际上,中国的政治文化却往往表现出儒家政治化:政权势力利用儒家的力量来维系,不让社会有动力,只求安定和平,但不发展。所以,忠孝节义这些观念都用以维持其政权。这两股力量在中国大陆和东亚的政治文化上互相撞击、冲突。

同样接受儒家文化的传统,为什么中国大陆和东亚社会在表现模式上完全不同?可能是大陆受苏联社会制度影响,东亚受西方资本主义社会的影响。但从文化心理结构来看,中国大陆所以特别注重政治安定、等级制度,这并不完全是马克思主义思想带领出来的。

相反地,东亚的华侨受了儒家文化的影响,有一些内在精神动源,离开了政治化儒家的环境,反而可以发生很大作用。

举个简单的例子:在中国社会受到最大的歧视、没有任何经济条件的人,跑到海外以后,勤劳刻苦,赚了钱后寄回家,以养育家庭。这些家庭的牵连是一股很大的背后动力,推动他进一步发展。这些动力有的来自家庭观念、个人修身,有的来自《三国演义》、岳飞的故事,都与儒家文化思想有关。以此导引他们,可以做很好的企业,且其精神方向和经济伦理可以配合起来。如果在中国大陆上想发展企业,由于外在环境压力太大,企业精神无法完全发展。所以,在中国海外发展的企业精神,与在中国大陆上受政治文化影响而无法发展的企业精神,是儒家伦理的两种形态。

鸦片战争以后,没落的儒家被视为与现代化根本不相容。但是,第二次世界大战后,儒家在工业东亚又有一些新发展、新契机。

到底工业东亚现在这个模式将来对中国大陆,甚至欧美可能产生哪种类型的挑战或提供哪些借鉴,或许值得大家再做进一步的讨论。

知识庸俗化

问:你刚刚谈的是工业东亚的发展,可否请你将焦点对准台湾地区,由精神层面来谈台湾有哪些现象值得改进?

答:我想从学术界、知识界、文化界三方面来谈。这三者的内涵不太一样,学术界比较有局限性,是属于学院的;知识界是指一般知识分子;文化界的范围更广,文学、艺术、音乐、歌曲都属此范围。

我觉得学术界和知识界应有所联系和有某种相互的作用。这两者之间的健康关系,一般而言,应该是学术界尖端科学、人文学等特殊研究,可透过大众传播媒介,提高知识界一般的水准。但是,在台湾,知识界非常蓬勃——出版业、杂志很兴盛,并不一定受到学术界的影响,而学术界做的工作与知识界没有太大的关系;相反地,学术界受知识界的影响,而知识界受文化界的影响,则很不幸,有庸俗化的倾向。

看看日本,他们的学术界是一股清流,任教高等学府的导师中,不少过着非常清苦的生活,与其他行业没有许多往来,但是他们可以做自己要做的工作,有一种庄严感、使命感。如果做出很杰出的工作,对知识界的影响就很大。

为什么台湾会有这种现象?可以从几方面来看。

第一是阅读方面。据 1980 年《纽约时报》报道,美国成人一年至少购买 12 本书,看 20 本书。台湾近年来虽有改进,但不能说是 reading public,做到像日本人连坐车也手不释卷的地步。

其次,台湾报纸的篇幅有限,内容不容易充实。美、日报章杂志每逢周日都刊载评论,占好多页,所有目前学术界重要研究都有触及,台湾则很少。

第三,学术界人士因兼课或其他外务,直接从事学术研究工作比较困难,因此不但不能将知识界、文化界领导起来,反而受他们的影响,情愿做有一时效验的工作,而不是做一些尖端性的学术研究,这种情形在人文学方面尤其显著。人文学像一株很脆弱的幼苗,要摧残很容易,要培养却很困难。

所谓人文学,就是文、史、哲,它最低的要求是语言的运用、历史的意识、哲学的反省或兴趣。说得高一点,扣紧做人核心的学问就是人文学。但台湾这方面的发展比较困难。因此,最杰出的东西多半与企业有关,纯文学、纯艺术、纯哲学很难。

现龙在田:在康桥耕耘儒学论述的抉择(1983—1985)

为何扭曲?

问:为什么台湾会产生这样一个扭曲的现象?

答:我想工业东亚除了日本之外,都有这现象。

一个社会除了生产力之外,应有一些认同的价值,这是一种硬件和软件之间的交互关系。台湾毫无疑问地是生产动力很强,但是文化认同的自觉性(self-awareness),特别是群体文化认同的自觉性,并不很高。

所谓群体自觉,就是一种对自我社会的认识,知道我们这个社会为什么存在?哪些价值是比较优先的?例如,我们现在有很多游资可以投入文化事业,哪方面应该有优先权?目前,我们完全没有考虑这些。

在其他的社会,多半靠思想库(think tank),或咨询方式来帮助大家怎么想,如何运用这些资金,价值优先应该怎么订等等问题。我想,我们这方面顾虑比较少,所以共同认识比较薄弱。

在此情况下,如果没有碰到突发问题或外来影响,那还好,但如果碰到挑战,步调就会出现紊乱。所以,我们可以发现在文化界中,影响力很大的,多半格调并不高。比如说,愈是人身攻击厉害、不负责任的政治言论,或是愈讲得离谱、暴露某种肤浅、骂得尖酸刻薄的论调,大家愈觉得有兴趣。但能够顾及全面、从长远考虑各种问题的安排、着重思考的言论较少见。

共识本来应靠民间,尤其要从知识界的自觉反省中慢慢涌现,不能靠上面的领导以指令的方式来催生。

政权势力和政治影响的关系是十分微妙的。政权势力常常没有很大的政治影响。政权势力,也就是当政者,他们所处理的往往是一些燃眉之急的问题,所以不可能有长远的构想。反之,他的言论在一般群众心中,都是站在维持他的政治权势这个基础上而发,所以它的客观、有效性便少了些。

知识分子的关怀

我们希望有一批知识分子对这个政权是关切的,但不认同这个政权势力,他们可以从大家长远的理想来发言。这个发言有政治影响力,但不属于政权势力。日本、美国这样的例证很多,台湾地区这方面所做的疏导工作较少。

问:台湾有这么多不好的现象,如果开始要改的话,要从哪里做起?

答:知识界的自觉可能最重要。

问:怎样培养知识界的自觉。

答:台湾目前有财源,很多工作可直接由民间做,但我们没有很好的基金会来长期培养知识界人才,而只有短期的。培养的工作如果由政府直接领导,效验较少。

最近,新加坡成立了东亚哲学研究所。他们的内阁开会决议,款项由政府发,但规定这个研究所一定要变成私人财团。它不完全由政府领导,原因就是怕影响力不会很大,没有长期的发展。

中国虽有五千年文化,但自鸦片战争以来,由于这一百年间所受到的屈辱、挫折,大半的文化事业都是较短视的。美国虽然建国才二百年,可是文化、社会甚至经济制度的继承性却非常明显。中国文化自鸦片战争后,每十年有一次改变。五四运动以来,绝大多数的报章杂志都是出了第一期就停刊了,能维持一年的可能只有20%,维持三五年的大概不及10%。新加坡的《南洋商报》、《星洲日报》,都是二三十年代开办的,到现在还存在。这在整个中国文化区,包括中国大陆,是绝无仅有的例子。美国哈佛大学1636年建校,和中国明代东林书院同期,但是他们最早的学生做些什么事、历任校长是谁,资料到现在都很完整。此外,美国教堂、私人企业组织及职业社团中拥有数十年乃至百多年历史的例子屡见不鲜,而在现代中国,这种情况已属例外。

长的历史·短的记忆

所以中国文化区有最长的历史,却有最短的记忆。以中国大陆而言,"文革"期间的历史简直不堪回首。北京大学是有名的大学,它的前身京师大学堂的建立也不过是19世纪末叶的事。但是现在的北大,姑且不论它的教育制度如何,就连地方都搬了——从红楼搬到燕京大学的校园。因此,北大的历史,严格地说并不长。像台大、师大就更年轻了。在这种情形下,要做长期的考虑、反省当然较困难,但不做也不行。

我去新加坡时,看到新加坡人种树种得很快,但他们是搬大树来种,而不是从树苗种起。我告诉他们:"新加坡的树需要五年、十年才能长成,但是要培养人才,却必须百年树人,不能没有长期的计划。"

文化认同薄弱

问:新加坡李光耀先生请你及一些在美国的中国学者到新加坡,准备推行儒家运动,真正的做法是怎样的?

答:新加坡在科技方面有很多突出的表现,年轻的部长几乎都

现龙在田:在康桥耕耘儒学论述的抉择(1983—1985)

是科技人才。但是,新加坡人的文化认同非常薄弱,因为他们有很多人才都是从外面高价聘请来的,能力很强,但远走高飞的动力也很大。在这种情形下,新加坡政府感觉到新加坡将来的命运不能完全操纵在科技人才手中。所以,他们开始对整个教育,尤其是道德教育做了一次反省。

六年前,现任不管部长的王鼎昌针对新加坡的道德教育,和中国台湾、日本、美国、苏联作比较,历经三年研究发现,中国台湾和苏联的政治教育色彩很浓,但道德生活教育却很薄弱;日本的道德生活教育较全面,政治教育则相对淡化。所以,新加坡开始改革道德教育。在改革过程中,教育部长吴庆瑞认为,宗教教育可帮助新加坡人提高精神素质,免除新加坡人过分倾向物质主义。于是他提议,新加坡既是个多元社会,要提倡宗教伦理,应该以回教、基督教、印度教、佛教、比较宗教的课题为主。提议宣布后,占新加坡70%人口的华人反应并不热烈,他们多半说自己信佛教,但事实上,他们信的是一些民间宗教。于是,李光耀就对吴庆瑞说,也许中国人信的是儒家。

哪里找儒家?

但儒家是什么呢?一提基督教或回教,有许多国际组织可以提供支援;至于提倡儒家,则只有一些捕风捉影的揣测。没有人说得清楚,到什么地方去找儒家。后来他们找到胡佛研究所的吴元黎,由吴元黎物色人选。吴元黎和吴庆瑞是伦敦经济学院的同学,他找到我和其他八九个人,和吴庆瑞讨论了一次,然后就由我们制订了一些推行大纲。但是,到了新加坡后,引起了很激烈的讨论和辩论。儒家的问题有爆炸性的潜力,要么就不提,一提就会引起许多争议。希望发展儒家的人,理由也很复杂。

简单举个例:批判儒家的人有两种类型:一种是喝"五四"反传统奶水长大的新加坡知识分子,因为基本上,新加坡受中国大陆的影响很大,他们以前读的多半是《阿Q正传》之类的文章,一听到儒学就反感;另一类是受英文教育的知识分子,他们对儒家很生疏,一听儒家就把它跟封建制度、反对民主、推崇传统权威联想在一起,马上将它与现代化分开。而新加坡赞成儒家的人,基本上是基于民族的情感,认为新加坡的华文教育既然无法发展,推行儒学有助于发展华文教育,就是所谓的中国的大国沙文主义。

但是,新加坡是不会发展中国文化的。因为新加坡要睦邻,不要凸显文化大国沙文主义,这样才能与印尼人、马来西亚人和平相处。如果到处宣传大国沙文主义,与他国的平衡就要打破,对新加坡而言这是非常危险的策略。所以,新加坡很顾忌这方面。虽然儒家在新加坡像个醉汉,扶得东来西又倒,但是,经过一些辩论后,

现龙在田:在康桥耕耘儒学论述的抉择(1983—1985)

新加坡群体自觉性提高,终于决定要推行儒家,并开始在课程发展署之下,组织一个儒家伦理撰写小组,开始编材料,写课本。

其间也经过一番曲折。李光耀质疑:儒家能不能用英文来教?有些人坚持儒家和中国文化有血肉相连的关系,用英文教就是污蔑儒家。但是,西方的《圣经》以前用希伯来文,后来用希腊文、英文甚至中文,对耶稣的精神并没有破坏。如果儒家不能用英文教,是不是就有局限性?因此,我认为,儒家用英文讲,是对儒家的一种考验;如不能用英文,表示儒家只能在中国文化区发展。一些学者在美国研究儒家的心血,等于是白费了。不过,用英文原则上没有问题,但有许多具体的困难,所以开始时还是编中文教材。

台湾也有一些知识界的人认为,新加坡的人才不够,台湾才是儒学的大本营,因此提议只要新加坡提出要求,他们在三个月内就可写出一套教材。但是新加坡以为,如果不自己弄出来,不但贻笑大方,也无法培养出一批人才。所以,他们除了编教科书外,还训练师资。

儒家运动快快开张

本来推行儒家是五年计划,但是现在,新加坡推行的步调愈来愈快,没有耐心等。目前,有2000名学生正在上第一年级的课,二年级和英文课本正在编订中,100多个教师刚刚训练出来,其中有英文教师 40 多名。

除此之外,他们也将范围由在中学推行,扩大到基础的学术研究。于是,新加坡运用一笔与中国大陆贸易所积累下来的资金(约 1000 万新币),以 3 个月时间成立了东亚哲学研究所,以研究儒学为主。现在,他们又成立一个董事会,把各大银行界的人士请进来,预备筹集 2500 万新币,作为研究基金。此外,也成立一个图书馆,准备容纳 5 万多册书。所以短期内,这个中心就会很热闹了。从长期看,新加坡推行儒学很难说完全是为政治目的,但若说没有政治目的,也不可能。不过毫无疑问地,它关切的是一个文化认同的问题。因为新加坡,尤其是李光耀,特别相信社会工程(social engineering),并且认为社会工程是做得通的。台湾正好相反,社会工程很少。

台湾地区怎么做?

问:你觉得台湾是不是也可以从新加坡的做法中学一点东西?台湾的情形是否跟新加坡不一样?

答:在十年、二十年前,我还在念大学时,就觉得台湾在儒学研究方面有很好的条件。如果成立一个世界第一流的学术中心,就不怕别人不来。但是直到现在,台湾并没有做到这点。这里面有许多问题不容易解决。原先最严重的问题也正是学术界最重要的条件之一,即是消息的流通;要知己知彼,不能说作博士论文时,重写别人作过的题目。在中国学术方面,来源除了日本、香港地区以外,就是中国大陆,如果中国大陆出版的学术作品看得不够,了解不多,那么起步就比人家晚了。

目前在"中央研究院"或其他国际研究中心没有消息不流通的问题,但一般社会大众乃至知识分子却有困难。不过,问题是可以解决的。如果为了政治的安全,当然是要考虑哪些文献不能进来,但决定时最好有学术界的人参加筛选工作,才能作全盘性的考虑。目前台湾要成立世界一流的学术中心是有可能的,财力、意愿、人才都有。

悲惨的命运

近100年来,是儒学第三期的发展,这时期可说是儒学的倒霉期。加州大学教授列文森(Levenson)写了一本叫《儒教中国及其现代命运》的书,指出了儒家命运的悲惨。

他指出,1905年科举考试制度取消之后,四书五经不再是培养中国知识分子的必经途径。到了辛亥革命,儒家所赖以生存的专制政体崩溃。1919年,全盘西化的口号提出之后,儒家在中国知识分子中的文化形象已十分残破。儒学是否能再进一步复兴,就好像凤凰死了以后,重新在灰烬中站起来的情形。这种说法很悲惨,但可能也有些问题。列文森并不了解五四时代,如社会主义的陈独秀、自由主义的胡适、无政府主义的吴稚晖、大文豪鲁迅等人,形成一条联合战线,打倒孔家店。这个反传统的力量对儒家有健康的影响,它把儒家跟原来中国传统社会的一些千丝万缕的关系切断了。

也就是说,儒家以前是农业社会的产物,和专制政体有很密切的关系,即政治化的儒家,比较反对企业、商业,而与父权、夫权、君权等权威主义有复杂牵连。这些在五四时都被批倒了,但是,儒家的伦理精神、人生态度、宇宙认同等并没有在中国社会里完全丧失,而且对一般中国人的文化心理结构影响很大、很深。"五四"以后,真正对儒家有致命伤的,并非前述的联合战线,它对儒家反而有厘清的作用,所以儒家的复兴可以继承五四的精神。从内部腐化儒家,才是儒家的致命伤。第一号人物是袁世凯,他做皇帝,推行儒家,是政治化的儒家。中国社会里不少军阀,也提倡尊孔读经,也是政治化的儒家。

明枪与暗箭

五四的批孔运动是明枪,袁世凯由内部腐化儒家是暗箭。明

现龙在田:在康桥耕耘儒学论述的抉择(1983—1985)

枪易躲,暗箭难防,从内部腐化儒家是最糟糕的。儒家的一些象征符号——像仁或义本来确有庄严的哲学意义,中间有很多内在的联系。被腐化之后,这些象征符号不仅被曲解,而且被利用。所以,讲"忠"变成只是效忠某人而已。虽然如此,从五四以来,还是有少数学人从各个不同层面对儒家的哲学思想做了长期性的反省。第一代是熊十力、梁漱溟、张君劢,分别研究纯哲学、社会运动和政治文化;第二代有唐君毅、牟宗三、徐复观等。到现在,可算是第三代。

虽然从整个政治文化层面看来,儒家是残破了,只是潜流,但它还是有成为源头活水的可能。所以,儒家的进一步发展,台湾地区应该是重要基地。但是,要成为重要基地,台湾的政治化倾向必须愈来愈淡,文化关切、文化理想、伦理价值在知识分子本身该有一些新的发展。

我觉得知识分子不是职业。他们对文化有关切,对社会有责任感。知识分子要在各个不同的行业里出现,可以出现在学术界、企业界,也可以出现在军事界、政治界。

(原载台湾《天下杂志》1984年10月1日)

儒家传统的现代转化

薛涌访问整理

从"轴心时代"看儒家传统

问:杜维明先生,从60年代开始你一直对传统的儒学及其文化价值进行长期的、自觉的反省。我很想了解,作为一个主要生活在20世纪后半期的知识分子,你对这一问题为什么要花这样大的气力,进行这样长时间的思考?有什么动因?古老的儒学,在今天这样一个现代化的社会中,是否还有它的生命力?

答:关于儒学的精神及其现代命运,在60年代的美国流行着一种说法,有代表性的思想家是加州大学的列文森。他们认为,鸦片战争以来,由于西方文化的撞击,代表中国传统思想的最突出的文化遗产越来越没落,儒学的现代命运已经定型了。1905年科举

现龙在田:在康桥耕耘儒学论述的抉择(1983—1985)

考试被废除,1911年专制政体被推翻,1919年中国整个传统文化又遭到了全面的批判。这样,儒学所赖以生长的土壤已经丧失,它在中国知识分子中的说服力、生命力正迅速减退。在现代中国,想要宣扬儒学的,多半是一些抱残守缺的顽固派,或出于狭隘的国粹主义的旧知识分子。像严复这样的先进思想家,开始宣扬西化,后来又回到儒学传统上来,只不过是一种保守的倾向,不足以反映中国近代思想、文化发展的大趋势。总之,儒家的文化,在20世纪初就逐渐被埋葬,到20世纪中后期自然更无生命力可言。

这种说法是否能够成立?从比较文化的角度看,它如果成立,在世界文化的发展中也是一个特例。这里,我们不妨借用德国哲学家雅斯贝尔斯(Karl Jaspers)所提出的一个观念。他把公元前1000年到公元前600年在世界各地出现了光辉灿烂的精神文明的时代,称之为"轴心时代"。

在这个时代,中国出现了孔子、老子、墨子、庄子等一系列思想家;印度出现了《奥义书》和佛陀;巴勒斯坦拥有一批希伯来的先知;希腊则产生了足以代表其理性精神的一系列伟大天才。总之,在轴心时代最初发动的、对人类社会产生巨大影响的文化,如犹太教文化(以及后来发展出来的基督教及回教文化)、印度教文化、佛教文化、希腊文化等等,不但在20世纪有着巨大的生命力,而且放眼21世纪,肯定还会继续发展。在这种背景下,儒家的文化是否将独自没落下去？从中国文化的发展看，这一源远流长、持续了两千多年的文化传统，是否真的将被取而代之？

在列文森看来，中国知识分子有两难：在感情上，他们不能接受所面临的由西方文化所带来的事实，常常回到传统、特别是儒学上去；但在理智上，则是完全西化的。他们在与传统决裂时所进行的理智思考，往往言之成理，持之有故，而他们的生活、行为又深受传统文化的影响。用我们的话说，就是他们无法摆脱儒家所代表的封建意识形态在中国知识分子的文化心理结构（特别是下意识层）所起的作用。因此，他们对儒学所代表的真正有价值的文化精神，不可能有继承的意愿，更谈不上主动的创造，而对于他们经过理智分析，认为应该引进的西方文化，又采取了一种实用主义的、急功好利的态度，对其背后的精神价值没有什么真正的理解。

问题是不是这样？我们的态度是什么？这对我构成了一个挑战。

是否如列文森所说，儒学在中国的影响将消失？或者孔子已被"博物馆化"，和中国现实完全脱离？

我想，问题绝对不会这样简单。

问：你能否具体地谈一下你对儒学和它所代表的中国传统文化的理解，以及你进行这种理解的角度？

答：理解中国的传统文化，特别是儒学，可以有两个层面。第一个层面,是把它作为一种"封建意识形态",即沉淀在中国人的文化心理结构中具有封建色彩的经济、政治、社会和文化形态,特别是那些在下意识层还起作用的价值和观念。这也就是大家常说的"封建遗毒"。

但是,另外还有一个层面,就是中华民族的文化认同,即代表着中华民族优良传统的文化精神。这种认同、这种文化精神,必须通过中国知识分子群体的、批判的自我意识来掌握和发扬。

认同危机

问:你所说的"认同",在文化领域中应该是个比较新的观念吧?

答:这个观念是60年代在美国提出的。所谓"认同",最早是心理学上的概念。心理学上讲,一个人的人格发展到某一阶段,会发生一种"认同危机",就是人的自我定义问题——我是谁?我是什么?我到底做了什么,应该做什么?这种危机可以给人的心灵带来很大的创伤,也可以使人变得更成熟,更深沉,更有自信。后来,这个概念用得比较广泛:一个社团有社团的认同,一个文化也有文化的认同,甚至一个学科也存在着认同问题。比如社会学家可能就有一种认同危机:到底他们和政治学家、经济学家、人类学家有什么区别?这些学科的相互关系和独特之处是什么?

从文化的立场看,认同必须经过自觉的奋斗才能实现。文化认同,一定要对传统进行自觉的、群体的,同时又是批判的继承和创造。而对于封建意识形态,同样要经过自觉的、群体的、批判的扬弃。现在的情形是,该继承的东西,我们没有继承下来,该扬弃的东西,并没有被扬弃掉。问题恐怕出在我们对传统的复杂性、多层面性缺乏一个自觉的、统一的把握。因此,我自己作了一个决定,从两个角度去把握和理解儒学。一个是历史的角度,一个是哲学的角度。这两方面表面上看是矛盾的,哲学谈的是一般规律,历史谈的是具体现象;哲学的思辨,常常突破历史的陈述,历史对具体现象的把握,又和哲学的思考大不相同。但是,儒学是一个重要的历史现象,从中国封建社会的最上层一直到广大的民间,它都扮演着极为重要的角色;同时,它又是一种生命形态、一种精神方向、一种哲学的人学,它有它内在的逻辑性,有它自己独特的范畴。所以,从这两个角度来把握,也许更符合儒学本身的复杂性。

问:那么,你认为儒学真正的中心课题是什么?它作为"封建遗毒"这一层面的内容,具体又有什么所指?

答:我有一个基本的假设:任何一个比较重要的思想传统,所接触的问题都是比较全面的。同时,任何一个复杂的思想传统,由于它的特殊性和具体性,对各种哲学问题的探索也难免有片面性。我们总是要通过一个特殊的通道,才能对基本的哲学问题有所掌握。所以,掌握文化的特殊性是掌握文化发展的重要环节。

儒学的兴起,是对于"郁郁乎文哉"的周代文化传统的没落所作的自觉的、全面的反省。这一反省,同墨家、道家、法家的反省不同,基本上是肯定人类文明、文化的价值,因而对于周代文化传统的崩溃,有一种不忍之情,想恢复过去的礼乐制度。但是,这不是一般我们所认为的复古,而是对中华民族从殷商以来所构建的文明作了一个内在的肯定,希望这一文明能够延续下去。"兴灭国、继绝世"所表达的,就是这种感情。因此,在台湾和香港学术界影响极大的徐复观先生提出一种观念,即"忧患意识",认为这种"忧患意识"的出现,和儒家特殊性格的形成密切相关。

从比较哲学的立场看,希腊哲学的出现,是由于一种对自然的惊异感。人们想要了解自然现象的最后根据:是水?是火?还是道?这和希腊文化的发展有很内在的联系。希伯来文化,是出于一种对上帝的敬畏感,一种对超越的向往,而中华民族早期,特别是儒学的出现,则体现为一种"忧患意识"。这种"忧患意识",促使人们对人进行全面的反思。可以说,对人的反思,构成了轴心时代中华民族的哲学心态。

为己之学的复杂内涵

《论语》中有一句非常重要的话:"古之学者为己",因此宋明大儒常宣称儒学是"为己之学"或"身心性命之学"。在孔子时代,有两种求学方式:一种是为了做官,为了谋生;另一种则是为了完成自己的人格。从儒学的立场看,前一种求学是虚脱的、不实在的,后一种才是实在的、能够安身立命的,即所谓"为己之学"。必须注意,这里的"己"不是一个孤立绝缘的个体,而是一个在复杂的人际关系中间所显现的中心点。这个中心点永远也不能成为完全孤立的、与外界毫无联系的发展形态。因此,要完成自己的人格,也就关系到要发展他人的人格,即所谓"己欲立而立人,己欲达而达人",这样,就不可避免地要对社会、对国家负有责任。《大学》中所讲的修身、齐家、治国、平天下,就是这样一个个人人格完成的过程。这种完成,是一种扩展,但扩展不是平面的,而是立体的。一方面,个人的精神,要通过转化到社会来发扬;另一方面,自我还要通过身、心、灵、神这四个层面逐渐完成。

儒家所建构的这样一套相当复杂、深厚的人格发展形态,在世界文明中有着十分独特的价值。在西方,犹太思想认为个人人格的完成,可以直接通过信仰和上帝的恩宠来实现;印度的思想,认为个人的真我的完成,可以直接回到梵天,不需要经过社会的转化;就是中国的道家,也要求把人际关系切断才能够找到个人精神内在的、完满的自足性。惟有儒家,认为个人的完成不能离开群体大众的完成,这不但是儒学的特色,也是中国教育、伦理及社会思想的特色。若从存在主义的立场看,这是一个存在的感受,也是一个存在的选择、存在的决定。这一决定,最初是环绕着孔子个人本身的人格发展而提出来的,是经过自觉的反省而提出的哲学课题。

所以,儒学基本的精神方向,是以人为主的。它所代表的是一种涵盖性特强的人文主义。这种人文主义,和西方那种反自然、反神学的人文主义有很大不同,因为它提倡天人合一、万物一体。这种人文主义,是入世的,要参与现实政治的,但它又不是现实政权势力中的一个环节。其实,儒家的人文主义具有相当深厚的批判精神,即力图通过道德理想来转化现实政治。所谓的"圣王"思想,才是儒学的真血脉。

但是,儒学在中国的实际发展情况又相当复杂,对中国政治文化起了积极和消极的作用,其中还有不少矛盾。总起来说,有两股潮流。一股潮流就是我们刚才说的企图以道德理想转化政治的努力。这种努力,影响不很大,而且常是失败的,但其精神源远流长,从未断绝,并且一直成为中国优秀知识分子生命力的表现。另一潮流,则是政治化的儒家,也是中国封建时代思想文化的主流。一位欧洲政治思想家曾有这样一个提法:最高的理想,当它纳入现实社会的权力网络之中,也可能变成残酷的事实。这样的过程非常复杂,但在中国传统的政治文化和现代政治文化中都有现实意义。毫无疑问,"圣王"是中国儒家的最高理想,而实际上的表现,则是政治化的儒家,即不是用道德理想转化政治,而是在通过其他途径取得政治权力后,用政治来干预、歪曲学术,使"道统"变为统治者对人民进行思想控制的工具。这种"王圣"的现实,显然和儒家发扬人性精神的意愿是根本相违背的。

继承五四的批判精神

问:这样看来,儒家的传统果然是相当复杂的了。那么,你对于五四时代,中国先进知识分子对中国传统文化(特别是儒家学说)的批判有什么看法?

答:我认为,当时中国第一流的知识分子形成联合阵线,对儒学进行猛烈的批判,有极健康的意义。儒学在政治化以后,成为封建意识形态的一部分,进而成为保留在中国人的文化心理结构的下意识层中的一些价值观念。它的弱点,如软弱性、妥协性等等,在这次批判中被充分暴露出来,如鲁迅笔下的阿Q。应该说,这是一大功劳。陈独秀提出新青年应该有开拓的、前进的、面向未来的志趣,和胡适提出的自由主义的一些基本价值观念,以及对科学与民主的提倡,在当时都有深刻的意义。

相反,那些捧儒学、利用儒学的,从袁世凯到北洋军阀,都是企图通过儒学来达到其狭隘的政治目的。这对于儒学来说,是一种内部的腐化,对儒学在公众中的形象以及在现代中国进一步发展的可能性,都有很大的损害。

可是,我觉得五四时期那种全盘西化的提法,确是比较极端和片面的。我们进一步继承五四精神,不但对封建遗毒要狠批,而且要在这一基础上,对塑造中华民族文化认同的源头活水,如儒家对知识分子风骨的塑造,即孟子所谓大丈夫的精神、范仲淹"先天下之忧而忧"的气魄,以及儒家的道德理想、政治理想,乃至儒家的认识论、美学和宇宙论,都有一个比较全面深入的把握。

我这样说,绝不是回到"中学为体,西学为用"的观点上来。"中学为体,西学为用"实际上也是一种简单化的、不能达到运作实效的提法。把中学当成孤立的体,那么中学中比较有生命力的价值,就不可能发展,而是变成一种抽象的理念、一种无源之水、无本之木,青年人对传统的说服力、生命力,也就不可能有什么切实的体会。把西学当成散离的用,就是把西方文化当作一种工具性的东西来理解,对于它的科学精神、民主精神、自由人权的思想没有真正的体会。这样,作为无用之体的中学,不可能鼓舞青年人,最多不过塑造一批伪君子,而作为无体之用的西学,也只能起些肤浅的、表面的作用。这对于深远的文化交流,不可能有积极的贡献。

我认为应该继承五四的批判精神和"打倒孔家店"的传统,但这一继承一定要构建在一个比较宽、比较深的反思的基础上。对政治化的儒家(特别是从袁世凯以来)保持高度警觉,对传统文化进行更深入的挖掘。这样,就不但能了解中学之体,而且还能了解这个中学之体在中国社会如何运用。同时,也要从西学之用进一步了解西学之体。中西学术、文化的交流有体的问题,有用的问题,也有体用交互影响的问题。只有这样,交流的局面才能打开。那种狭隘的民族主义、种族主义和完全丧失自信的媚外思想、全盘西化思想,可以说是两股缺乏思想性、知识性的情绪化的浪潮。

超越"五四"的反儒情结

问:要准确地把握文化现象,并对未来作出明智的选择,的确需要避免情绪化的倾向。但是,我们不得不承认,中国近现代知识分子的文化思考,都是在一定的心理背景下进行的,而这种心理背景,又是由中国文化的悠久性和中国在近代的落伍造成的……

答:你是说那种强烈的优越感和强烈的自卑感?

问:对。文化的反思和一些纯科学工作有很大的不同,这种可以说是有些病态的心理背景,会使我们对文化的准确把握有很大干扰。五四以来,即使是很优秀的知识分子也很难摆脱这种干扰。那么,你是否认为我们现在可以摆脱呢?

答:我想可以这样说:五四时代,我们所面临的是一元的单线的现代化模式,即西方的模式。当时的世界,好像是一场社会达尔文主义所描绘的弱肉强食的恶性竞争的图像。你喜欢也好,不喜欢也好,都得参加,否则就要被吃掉。日本至今还有这种强烈的不安全感。这是五四时代面临的问题。

现在我们所面临的问题,已经大不一样了。特别是世界近30年的发展,多元化的倾向已经很明显,至少已出现了三种或三种以上的、各不相同的工业文明的发展形态:除了西欧美国的、苏联东欧的模式外,还有东亚的,将来还可能有中东的、澳洲的、南亚的、中南美洲的、非洲的。过去那种欧洲中心主义的思考模式,已经逐渐被多元化的思考模式所取代。在这种情形下面,过去那种在传统与西化之间纠缠不清的情绪,会有很大的改变。

站在今天这样的位置反观传统,我们发现:轴心时代发展起来的各种思想,儒学受到的摧残最大最全面。为什么鸦片战争以后中国儒学的发展会如此曲折?为什么它会被中国最优秀的知识分子所批判,又被中国最有权势的野心家和政客所利用?这些都是值得反思的课题。

现在的年轻一辈,有两个问题:一个是他们首先在感情上排斥儒家,所有的理解都是从批判入手;另外,在真正的学术思想这个层面,他们对儒学很生疏、很隔膜,对儒学比较精彩的内涵,几乎没有接触。我想,只要是思想敏锐的人,都会感到这种情形非改变不可。现在有很多有利的条件,书多了,解释多了,观点多了,认识问题的角度多了,交流的机会也多了,起码已有了一种初期的"百花齐放"的局面。从这个角度看,我觉得对于儒学,肯定会有人深入进去,进行比较深刻、全面的反思。

批判地继承传统

问:对于文化传统,既要批判,又要发扬。在这个问题上,海内外的学者是否面临着同样的问题?

答:要摆脱封建意识形态,和要发展代表文化认同的中国文化的特殊价值,是一个问题的有内在联系的两面。要想根本摆脱封建遗毒,非要发扬文化认同的精神不可;要想发扬文化认同的精神,也必须彻底批判封建遗毒。实际上,在儒学的传统中,以孔、孟、荀、董仲舒、北宋诸子、朱熹、王阳明、刘宗周、王夫之、黄宗羲、顾炎武和戴震等人所代表的儒学的真精神,和政治化的儒家一直

现龙在田:在康桥耕耘儒学论述的抉择(1983—1985)

有着斗争。有这样一种观点,我很难接受。即有不少人认为,我们这些在海外的人,现实感不强,所以美化了儒学,误把儒学的理想当成了现实。这样的思考模式,又把问题弄得比较简单,等于把传统的多样性和矛盾性变成了一种类型,只把它看成是从理想到现实的一个曲折道路而已。其实并不如此。不管你在海内还是在海外,你要通过知识分子群体的、批判的自我意识,来发扬作为文化认同的那些价值,和让大家来同心协力地清除封建遗毒,并不是两码事,而是同一个问题。不掌握这一问题的内在逻辑性,而把它简化为理想和现实的问题,就会认为海外学者没有经过现实的打击,只能理解儒学的理想主义一面,而国内学者经受了现实打击,就只能从现实的一面去理解。若真是如此,海内外学者就没有共同语言了。我想,海内外学者所面临的思想挑战是共同的,不是不同的。这个挑战就是:我们对传统文化的理解,到底能否跳出五四以来那种简单的二分模式。

问:你这次在北大讲学,时间不算短了。你对中国目前学术界的状况,有什么感受?

答:我从李泽厚、汤一介、萧萐父、陈俊民、庞朴、包遵信、张立文、朱维铮、金春峰、蒙培元、金观涛、黄万盛等几位先生那里获得不少有关国内学术界动向的信息和知识,我想国内学术界现在起码有了一种新的气象。在几个大城市,对中国文化的大问题进行思考的年轻人越来越多,这方面有许多很好的例证。他们能够有这样的气魄,是令人鼓舞的好现象。但是,各地青年理论家之间的信息交流还比较缺乏,能够鼓励和帮助大家进行长期反思的一种制度化的结构还没有创建起来,仍然是孤立的几个点,各谈一套,相互间不一定有什么对话,和国外的交流也才刚刚开始。

  这里需要特别强调的,就是"学术为天下公器"的观念。只有在开放的心态下才能讨论学术。宋儒就是这样。他们到处寻求对话,两个不同观点的人通过对话,双方的观点都可能有很大的、很积极的改变。这是真正的对话,这样才能把学术空气建立起来。中国学术界较大的难题之一是放弃了"学术为天下公器"的原则。比如资料的独霸,就很让人气愤。有些地方,你向他们要资料,就仿佛是向他们要什么家传秘方一样困难。这往往会造成一个非常不合理的信息市场。信息不流通、不公开,对年轻人是一个致命伤,更不会出现真正的学术权威。美国并不是中国文化的研究中心,中国文化在美国也不过是一些大的学术传统中的小支流,但从事中国文化的研究,常常在美国觉得方便。资料到了美国,就等于公开了;而在大陆,在台湾地区,在日本,在一些东亚社会,资料常常不公开。这到底是为什么?这难道能归结于东亚社会的儒学传统吗?这只能归结于一种相当狭隘的封建意识。

现龙在田:在康桥耕耘儒学论述的抉择(1983—1985)

同情了解的学术取径

问:那么现在美国对中国文化的研究状况如何?
答:情况比较复杂,不过有几点值得国内同行们注意。

首先,现在美国从事中国文化研究的那些研究生们,是美国大学毕业生中第一流的人才,是精英的精英。他们无论是搞物理,搞数学,搞经济,或者进医学院、工学院,都将是最优秀的,但是他们偏偏选择了中国文化。这一点,我们至少可以庆幸。那么为什么会有这种现象? 是什么原因? 我想一大半是由于他们感到了一种文化的挑战。很多人有个人安身立命的感受、存在的感受,所以要研究中国文化,特别是研究中国的身心性命之学,研究禅宗。这些人投入中国文化的研究,语言障碍非常大,要努力学十年,才刚刚可以达到独立研究或在大学教书的水平,而美国鼓励这种研究的资金很少,他们多半要面临失业的威胁。尽管如此,还有很多人来学。我们不要轻视那些从美国来的留学生,觉得他们中国话都讲不好,很难从事中国文化研究。他们可能像龟兔赛跑中的龟一样缓步而行,但爬到一定程度就会有成就。

另外,中国文化的研究在海外一般是属于比较研究的一部分,是在全球的背景下进行讨论。方法、途径、结论各种各样。这种情况说得好就是多元,说得不好就是杂乱。这些研究,多半是出于学术意愿的了解认识,和政治联系不是很强。

问:我们常听到这样一种说法,即西方对中国文化的兴趣,是出于西方文化的危机……

答:这不是危机,而是多元化的倾向越来越明确,了解认识的意愿越来越强烈。我在美国讲儒学,感到个人精力有限而同道的队伍太小。一般人对这方面的兴趣却越来越大,不仅在学术界,而且在知识界、文化界都有进一步了解中国文化的意愿。从美国的学术发展看,50年代至60年代,人们主要把儒学作为一种政治意识形态,从1965年开始到70年代,则把儒学当成一种身心性命之学。这是一个很大的转变。现在从同情了解的方面来掌握儒学的人越来越多了,特别是工业东亚的出现,使人们重新考虑儒学的问题。不少人把工业东亚看成是一种代表儒学精神的工业文明。

问:看来,用同情了解的方法来认识儒学,在西方已有相当的典型性,你也一直强调这种方法的必要性。你上面讲的,可以说是这种思考方式的背景。那么,你是否能从方法论的立场上,再对这种思考的方式作一些阐述?

答:一个非常复杂的文化现象,研究者如何去理解、认识、评价、批判,和研究者对他的方法的自觉程度有很大关系。在人文学、社会科学的研究中,研究者和研究对象的关系,与在自然科学中有很大的不同。对于研究对象来说,研究者既是内在的参与者,又是外在的旁观者。研究哲学史,我们首先要进入我们所要研究的哲学家的精神领域,体会其心灵的境界,这样就等于作了调查研究,争取了最基本的发言权。但我们又不能因为完全进去,而丧失了自己的批判能力。

对于古人,我们有"后知之明",因为我们对其以后的发展了解得比较多;从"当局者迷"的角度来看,我们对当时情况的了解也可能会超过当时人的认识,但切不可因此过分自信。在当今世界的人文学研究中,流行着一种"现代人的傲慢",即认为我们这些生活在计算机时代的人类,在各方面的认识水平,都明显高于古人。于是常常喜欢用一种居高临下的目光来藐视古代的思想家。事实上,在这种目光中,经常流露出现代人的肤浅。我们应该充分意识到,要进入古人的领域,作同情的了解,并不是件很容易的事。首先,我们要在时间上回到古代,但更重要的是,我们要在思想层次上达到古人的水平。孔子、孟子都代表着中国哲学史的高峰,他们和我们在思想层次上有高低之分。我们要达到他们的层次,理解他们的学说,非得经过相当的奋斗才行。所以,我们不能一开始就骂他们,批判他们,和他们吵架,而应该先听,听他们说什么,了解他们的问题和问题性。只有从这个角度入手,同时不放弃自己批判的权利,才能进行一些比较深入全面的反思。这是一种科学的方法,是一种人文学的科学方法。可以说,人文学、社会科学所要掌握的方法,比起自然科学来要麻烦一些、复杂一些。

问:你所采用的同情了解的方法,是要力图进入古人的心灵,体会他们的思考方式和精神境界。但是,你在表达古代思想家的思想时,又用的是现代的哲学语言。一方面要"进去",另一方面又要把人家的语言给换掉,这样难道不是一种矛盾吗?

答:不能说矛盾,而是一种创造的转化。任何一种哲学思想,只要是活的、有生命力的,就一定要用现代的语言来陈述。这个陈述本身,就是一种哲学思考。这不是削足适履的方法,也不是曲解原意的方法。你要进入哲学家的哲学领域,了解他的哲学内涵,对他的语言、范畴、文字、时代了解得越多越好;同时,你是站在20世纪现代人的立场上来了解古典,不能把现在所处的条件、环境给消解掉。所以,我们在研究过程中,对自己所采用的方法的自觉程度很重要。每个时代的人都在用自己的方法进行思考,这里有个"语境"(context)的问题。我们的研究,常常是几种不同的语境交织在一起。举个很简单的例子:一位在国际学坛具有影响力的文化人类学家吉尔兹(Clifford Geertz)曾对我的一篇论文作了评价。他首先就对语境问题进行了分析:第一,我是用英文讲中国哲学,英文和中国哲学的语境就很不相同,这中间需要一个飞跃;第二,我以一个现代人的身份来讲古典,时间上也有变化;另外,就是我自己的环境,我的文化色彩。一般地说,我是一个美籍华人,是美国文化与中国文化两种不同语境相互交错的产物。在这样一个位置上,对传统哲学进行反思,同时又要面对西方的思想家,这中间又有好几次翻译和跳跃。

总之,古今、中西学术上的语境不同,你越是自觉到你在做什么,你在方法学上就越不容易有一些先入为主的成见;你越能顾及到各种不同的语境,你所讨论的层次就可能越高。你若不顾及这些,则很可能会发生问题。一些你自以为是天经地义的真理,其实很可能仅仅是某种特殊文化时代的情绪的反映。

意识形态的限制

问:你从美国到中国讲学,又碰上了两种语境的问题。你和中国大陆的学者,在认识中国文化的方法上有很大不同。这方面,你遇到什么困难吗?

答:我主要遇到了两个困难,一个是唯心唯物的问题,一个是五种社会发展形态的问题。

中国的学者,常用唯心主义和唯物主义来概括哲学史。关于唯心唯物这一问题,在马克思的思想中不太突出,在列宁的思想中比较突出,后来经过日丹诺夫,把它变成统一规划的哲学教本的基本概念。

这个问题,本是作为西方哲学的基本问题而出现的,自笛卡尔以来,由于哲学观念中心物互相排斥的二分、神圣与凡俗的二分、人的身体与灵魂的二分,因而导致出一套独特的哲学思辨、哲学反思的方法。这套方法,有浓厚的欧洲哲学思想,特别是19世纪欧洲中心主义哲学思想的色彩。用这种方法去了解理论思维水平很高、文化内容很丰富的中国哲学,肯定会有片面性。

我也尽量去研究中国哲学中的唯心唯物问题。我认为,这一问题大家认为是哲学的基本问题之一,但它是西方哲学的基本问题之一,不一定能适应复杂的中国文化环境,特别是中国哲学的环境。中国哲学的基本问题,涉及其他许多比较复杂的内容,其中我特别强调对人的反思。这不仅是儒家,道家也有他们的提法。我们应该诚实地面对中国哲学的遗产,来发现它的基本问题,研究它的基本问题,然后再进行比较,看看这些基本问题和西方的基本问题,特别是唯心唯物的问题有什么异同。比如中国哲学中对人的理解,它作为一种生命哲学,无论从什么角度看,都很难服从唯心唯物这种绝然二分的规约。这一问题若不得到基本解决,我们要对中国哲学思想进行大幅度的、海阔天空的研究,可能性是有,但很有限。

现龙在田：在康桥耕耘儒学论述的抉择(1983—1985)

关于五种社会形态的问题，主要是在历史学界，这里特别突出的，就是中国封建社会的问题。中国文化的特点，是封建社会特别长，这一点已在国内学术界得到了公认。但是在分期上，封建社会的上限一直没有统一，而且看样子永远得不到统一。各派在上限问题上的差距，从西周一直到魏晋，长达1000多年之久，很少有人愿意改变自己的立场；而关于资本主义萌芽问题，同样有许多争论。这样前后一夹，得到公认的中国封建社会，实际上变得相当短。这种状况的出现，可能是由于五种生产方式这套模式本身的局限性。我认为，我们至少可以从两方面对中国历史进行重新反思。一个是政治文化方面，即研究中国历史上大一统的政治体系，以及合久必分、分久必合的周期性循环问题。另一个方面就是中国知识分子在这大一统结构中所扮演的角色。这一问题过去研究得不太多，它可能和中国文化的长期连续性以及宗法制度、小农经济有密切的关系。严格地说，像欧洲、日本那样分裂的小国封建制，在中国基本上没有出现过，古典的奴隶制也很难在中国找到。历史的规律如果有，中西也应是不同的。因此，中国历史上的许多问题，如动力问题、思想结构问题、近现代分期问题、内部发展规律受到西方撞击后所遇到的困难等等，都很难用五种生产方式的模式来套。

儒学的现代命运

问：我们现在不妨再回到最初的问题上来。你既然对儒学进行了长期的反思,那么你对儒学的现代命运,是否可以作出一些预测呢？

答：我很难具体地预测,只能谈一些个人感受。

中国文化现在所面临的挑战,是前所未有的。中国文化要获得彻底的复兴,也必须经过相当曲折的道路。儒学在 21 世纪是否有生命力,主要取决于它是否能够经过纽约、巴黎、东京,最后回到中国。具体地说,儒学在 20 世纪后期放眼 21 世纪有很多战场,有很多奋斗目标。我认为它必须面临美国文化、欧洲文化、东亚文化(即工业东亚)的挑战,并在这些文化中播种生根,然后才能以康庄的心态回到中国,否则不一定回得来。从现在的情形看,儒学在这些文化中播种生根的可能性很大,我对此相当乐观。我们在和任何一位西方思想家讨论这类问题时,都应以严肃的态度全力以赴。我们双方都应尽可能地了解对方的问题。像这种深入的学术交流,目前已成为通例,而不是什么偶然现象。比如霍金(Richard Hocking),美国哲学界的一位长者,他在美国曾和我谈过几次有关儒家人文思想的问题,后来一定要访游北京,想让我介绍他和梁漱

现龙在田:在康桥耕耘儒学论述的抉择(1983—1985)

溟先生见一面。最近他果然来了。这位70多岁的老先生一句中国话也不会说,但是他不等我去接,就急急忙忙地从华侨饭店先后换了几次公共汽车,赶到北大来找我。他是一位非常严肃的思想家,他来北京,完全不是来旅游,而是一位地地道道的求道者来求道。

他对于和梁先生晤面,深感荣幸。我个人的经验告诉我,在这样的学术交流者中,年轻一代里出几位像样的儒家学者是不成问题的。他们之中现在已经有不少愿以奉献精神来从事这项文化事业,而且也有已经把全部精力投放进去的青年,许多基本的工作都已经在做了。这样的儒家学者,可能在欧洲出现,也可能在美国出现,日本当然更有它的基础。在这样的潮流中,中国年轻一代的理论家,即使这一代不出现,下一代也会出现一些儒家学者。如果没有什么意料之外的干扰,这种趋向是逃也逃不掉的,因为迹象太明显了。60年代我到美国时,还以为这些是空想,现在情况则大不相同。

问:将来儒学的复兴,决定性的东西是什么?

答:我想关键决定于儒家的学术思想到底有无见证者,即在儒学的传统中能否出现一些像样的哲学家、文学家、艺术家,甚至政治家、企业家。

在未来的时代,儒学肯定不会像基督教那样成为一个组织严密的宗教集团。当初康有为等曾企图把儒学定为国教,这根本就和儒学的性格不符,注定不能成功。那么,儒学今后将寄居何处？我说它将寄居在知识分子群体的批判的自我意识之中。这不仅限于中国,而是指将来的世界。作为一个儒家知识分子,第一要有强烈的历史意识,第二要有相当深厚的社会实践、文化感受。他们对政治可以参与,也可以作批判的了解,但不依靠现实政治。他们的根基是学术的、历史的、文化的。这种类型的知识分子,全世界都会出现。虽然他们的主导思想将是什么,现在还很难说。但儒学应该对他们有启发,因为儒学是人文主义的,是入世的,是力求转变世界的,而对人的理解是全部的,既不排斥人的神性,又不排斥人与自然的关系,更不排斥人与人的关系。所以,我们可以进一步地说,知识分子群体批判的自我意识的出现,将决定儒学的命运。我相信将来的情形是这样的:有儒家的基督教知识分子,有儒家的犹太教知识分子,有儒家的佛教知识分子,也有各种类型的非宗教性的儒家知识分子。他们和传统儒学密切相关,特别是代表文化认同的那种塑造中国知识分子性格的大丈夫精神,将在他们的生命中体现出来。

大陆学坛的反应

问:你带着这样的信念到中国大陆讲学,是否获得了某种反响？

答：起码我受到了很大的鼓舞。大家虽然观点有距离，但终究找到了某种共同语言。我每次来都要进行几十次的学术座谈，这是很好的交流。

假若中国年轻一代的学者经过同情的了解后，对儒学进行了批判，我也很高兴，因为他们把儒学的精华浸润到另一套他们自己的体系中去了。但现在的情况，就像我刚才谈过的，大家对儒学还是比较隔膜，还未掌握到批判的权利，特别是存在着情绪化的倾向。一些年轻朋友，还包括一些中老年学者，往往连对象都没找对，却花了很多时间在那里攻击。这样当然不可能对封建遗毒进行全面深入的批判。一些批判意见最强的人，往往受传统的腐蚀最深。这种现象不仅在中国有，在美国、日本、新加坡都比比皆是。我们很容易发现，许多信誓旦旦地要西化的人，其思想深处保留着相当多的中国传统的糟粕，如权威主义等等。我曾认得一位大力提倡西方文化的先生，平时对西方文化推崇备至，但到了美国后什么人也不肯见——他了解的西方和他见到的西方差距太大了，但他又不想对他过去的了解来一个根本的改造，完全生活在一个理念的世界里。他可以高唱西化，但并不了解西方，不能身临其境，不能用开放的心灵去接受现实。无怪乎人们开玩笑说，像这样的19世纪的自由主义者，现在真是打着灯笼也找不到了。而一些美国学者对中国的了解,也同样存在着这种问题。他们所理解的中国,他们所迷恋的东西,在中国现实社会中已很难找到。

儒学第三期发展的课题

问:这些问题,我们在国内也有不少感受。关于儒学的现代命运,你曾提出关于儒学的第三期发展问题。你是否可以在这方面多谈几句?

答:对儒学的发展,我是这样来进行分期的。第一期发展是从先秦到汉,汉以后一直到唐代,主要是佛教思想的传播,儒学的发展相对处于低潮。从宋代开始,儒学对佛教思想的挑战,有了一个创造性的回应,因而形成了从宋到明清的第二期的发展,并从某一角度成为整个东亚社会的文化内核("东亚文明的体现")。那么,在近现代,儒学经过西方思想的冲击后,有无第三期发展的可能?这是我提出的问题。

我想只能这样说:如果儒学第二期的发展,是针对印度文化,或者说佛教文化的挑战,作为一个创造性的回应,即消化了印度文化,提出一套中国特有的思考模式;那么儒学有无第三期发展的可能,也就取决于它能否对西方文化的挑战有一个创造性的回应。

具体地说,对于西方文化的挑战及其回应,除了哲学的重建外,可以从三个层次来理解。

第一,超越的层次,就是以基督教为代表的宗教传统。在美国,从事基督教神学研究的人大概要比中国所有从事文化研究的人还要多10倍,这是一支很庞大的队伍。儒家对于基督教所提出的问题,对于超越的理解,对于他们的身心性命之学,是否可以有创建性的回应?

第二,社会政治经济的层次。这一层次内容很丰富,其中比较重要的是马克思主义,这在当今的世界上,也是显学之一。儒学是否能够和马克思主义进行深入的对话,并在其中找到结合点? 这也是一个很重要的问题。

第三个层次,就是指深度的心理学,比如弗洛伊德的学说,特别是其中对人性的阴暗面的涉及。存在主义等等思想,和这种深度的心理学也有着某种联系。儒学对人性的阴暗面的理解比较肤浅,完全从修身、齐家、治国、平天下这样一个通道来掌握人性,能够完全打通吗?

西方现代哲学的发展,确是波澜壮阔的,有分析哲学、语言哲学,还有欧洲大陆哲学;除了存在主义外,还有现象学的发展,解释学、结构主义、解构哲学的发展等等。另外,五四时期对西方文化的提法是科学与民主——一个政治制度,一个科学精神。除此之外,自由人权的思想也是西方文化的特点。对于这些,儒学应该有一种什么态度?

儒学第二期的发展,是从北宋开始,一直到19世纪中期。在此之前,佛教进入中国文化也已有800余年了。现在文化发展的节奏也许比较快,但儒学第三期的发展,大概至少也得100年后才能看出某些比较明显的迹象。从现在起到21世纪,东亚的知识分子能否形成一个群体批判的自我意识,他们之间的交流能否形成一种共识,这是问题的关键。西方学者提出:儒学在以后的发展中,对世界的贡献将是语法还是词汇?我想这主要决定于儒学是否能够开创一套自己的认识论,是否能够开创一套与现代社会相适应的自觉的伦理,以及是否能够成为东方知识分子的"终极关怀"。我们幸运得很,赶上了一个大时代,大概可以把初期的问题提到日程上来,尽管击中要害的可能性不很大。

(原载北美《知识分子》1985年秋季号)

儒家的现阶段发展

吕武吉访问整理

一

儒家的终极关切

吕：杜教授，我想向您讨教的第一个问题是："成圣成贤"是儒家思想中的终极关怀，但在现代人的生活中，追求道德的理想与探索做人的道理，只能说是一个重要的课题。这种本质上的差距，会不会使儒家伦理思想变得和现代人不相干？

杜：很多人总认为"传统"与"现代"是代表两个截然不同的文化系统和两个互不相容的社会环境。例如有些传统中的重大关切，在现代人的生活中并没有占据中心的地位。这主要是由于现代人通过分工的发展,接触面比较广,多半的力量与精神皆花在事业与职业方面,所以只把道德的成就当作重要的课题,而不是终极的关怀。在我看来,这是现代人所碰到的一个"存在"的问题。儒家的思想以做人为对象,所以在《论语》里面,孔子就提到儒家基本的思想是"为己之学",如何修身与做人。做人可以从道德的实践来理解,也可以从知识的追求、生活感受、艺术生命、宗教体验各方面来了解。所以儒家所谓的做人,意义很广,涵盖面很大,不仅是局限于目前一般人所谓的"道德实践"而已。儒家的道德包含的内容很丰富,因此,在古典儒学里的做人道理,不管是与宗教、与政治、与艺术或与个人身心的成长,都有关系。我想,做人的道理在现代不但具有积极的意义,也仍然是一重大的课题。今天在欧美与东亚,大家对儒学重新加以重视和关注,正是这个缘故。从这个立场上看,儒学和现代人的生命之学并不脱节,跟其他的重大宗教一样,对于如何做一个现代人的存在意义,从各种不同的层面仍可作出贡献。

吕:这种说法和西方的通识教育有什么根本上的不同?在欧美大学里虽然不一定有道德教育的课程,但往往有所谓综合或通识的课程(general studies),包括"人生的意义"、"音乐欣赏"、"球类与舞蹈"、"汽车驾驶"、"电脑"以及其他各种现代知识,都可以在大学一二年级的阶段找机会选修。那么,儒家的教育和西方这种通才教育有什么原则上的不同?

杜:所谓通识教育(general education)是受西方自由主义思想影响的结果。最近在美国对于通识教育曾作过全盘的反省,检讨大学教育的目的何在这种基本问题。一般看来,共有三种不同的说法:第一,认为教育的目的是服务社会;第二,认为教育的目的是为了发展个人的潜能,也就是完成自我;第三种说法主张教育的目的是要把人类的智慧,通过学府一代一代地传递下去,也就是传授知识。这三种观点在美国社会里都很有说服力,可是通识教育在以前欧美的发展,似乎是过于偏重客观知识的追求,对于人生意义、宗教体验、道德实践种种问题,都相对忽略了。现在经过改革后的通识教育,开始重视道德实践这方面的探讨。譬如哈佛最近改革通识教育,设立基础课程(Core Curiculum),其中即包含了道德推理(moral reasoning)这一项目。现在对于道德教育如何推广与发展,已成为社会上大家所关注研究的课题。如何能够知行并进,理论与实践合一,这类课题在目前美国通识教育里已面临了重大的考验。儒家讲做人的道理有它自己的文化特色与历史渊源,它可以为欧美教育提供一个方向。但这个方向并不能涵盖一切,因为它确有相当程度的局限性。不过,儒家所讲的做人道理的原则,可以适用于人类全体,它的价值取向是针对一个人人格的无穷发展,如何深入地在身、心、灵、神各层面都进行全盘性的反省而设置的。儒学的伦理结构,从个人的修身到如何成圣成贤,对现代人仍然有很大的启发。另外,我们应该理解到,儒家之成圣成贤的终极关切,不仅是具有道德实践的意义,而且有很深刻的宗教意义。任何人在现实世界上都不可能成为圣人。在存在的层次,孔子也不敢自居圣人。但是,以圣人这种最高的人格典型为目标而进行不断的、长期的奋斗,是体现儒家精神的康庄大道。举一简单的例子:孙奇逢在90岁的时候说,他那时才知道89岁时的错误,80岁时才知道79岁的缺点。孙奇逢所体现的这种长期不断地自我改过的精神,就是儒家的做人道理。所以,圣贤的观念并不是高不可及、虚无缥缈的理想,而是必须在现实世界上具体落实的修养工夫。虽然我们永远无法达到这最高的境界,但是它至少可以启发我们,使我们有向上提升的意愿。

吕:儒家之伦理思想不仅仅是讲人与人之间的关系,它有所谓天道与超越的层次。而基督教也要我们在人际关系的伦理层面上去表现我们对上帝的爱。这两个传统是以不同的方式来表现超越的层次。您同不同意有些人的看法,认为儒家思想对于华人来说很重要,因为它是中华民族用以表现他们终极关怀(ultimate concern)之最适当的象征。换句话说,对于一个非华人而言,假如他具有基督教的背景与信仰,也可以经由基督教价值观念的启发或由于上帝的恩赐,而发展成一种高尚的道德品格。那么,照这样说来,儒家思想只是对于华人而言才相对地有其价值与功用。您对于这种说法有什么意见。

杜: 我基本上有这样的看法:任何伟大的宗教或思想体系,都有它内在的逻辑性,也同时有它客观的局限性。今天我们生活在各大思想传承、各大宗教传统同时并存的伟大时代。我基本上是向往所谓殊途同归、百川汇海的大同世界。儒家虽然是一个波澜壮阔的思想大流,但它不能涵盖世界上所有的问题,它有它的内在逻辑性,也有它的客观局限性。以 20 世纪后期而言,我并不以为儒家思想特别适合于华人社会而已。儒家有它的普遍性,也可以传播到非华人的社会去。实际上,历史已经证明,儒家不仅是在中国发挥过主导的作用,在日本、韩国、越南也都发挥过举足轻重的作用。而且根据我自己的经验,过去 20 年来,儒家在欧美也找到一些知音,虽然人数不多,但放眼 21 世纪,意义很大。所以,儒家也有它的普遍性,这点我们必须接受。而且,我们也应有信心把儒家发展成可以普遍化的文化传统。但从历史的角度来看,我们也不能否认,儒家的普遍性没有佛教、基督教、回教来得大。佛教在印度产生之后,在东南亚发展,接着传到东亚,现在又在美国发生作用。基督教在中东起源之后传布世界各地。儒家在鲁国(即今天之山东曲阜)兴起,在中国文化上产生了很大影响,后来传播到韩国、日本、越南,但对于南亚、美洲、欧洲、非洲或澳洲的影响,可以说是微不足道的。因此,一般人总认为儒家思想是中国人或华人特有的文化产品。我的看法是,历史显示出儒家思想曾在华人的社会里成功地发展过,但却不局限在华人的社会里,它也可以在其他社会中发展。如果大家对于儒家做人的道理、成圣成贤的理想及天人合一的理想有所认识,它便可以在美国、南亚、欧洲甚至在非洲发展。可是我们需要认识到,儒家在超越层次的表现,没有像基督教的表现那么显著。所以,作为儒家的研究者,我们可以从基督教里超越的表现汲取很多智慧,获得很多启发。儒家如何和基督教对话,怎样通过这个对话来丰富自己的内容,并把自己对道德实践的理想与体验提供给基督徒,对于我来说,这是一个可以落实的理想。我很希望能在这方面做些工作。

(原载新加坡《联合早报》1984年2月27日)

二

儒家的超越性

杜:另一方面我也理解到超越层次的天道与人道的关系,基督教的神学在这方面也有丰富的内容。根据我片面的认识,把基督教上帝作为完全超越外在的神圣力量,跟现实世界完全脱离关系,

现龙在田:在康桥耕耘儒学论述的抉择(1983—1985)

这种所谓"Wholly Other"的神学倾向,在20世纪受到很严重的批判。基督教思想在20世纪所面临的重大课题之一即是:上帝如何在现实社会的人与人之间的具体关系中发挥博爱的作用,也就是如何发扬它的社会性。这在目前的新教及天主教中都引起极大的关注与反省。所以,现在看起来,儒家与基督教接头的地方比它们的分歧处渐渐增多了。不过你刚刚提到的,儒家思想是华人社会的特殊文化表现,这个命题在历史上来说,是有一定的说服力的。但从理论与其他例证来观察的话,它的普遍性也不可以忽视。希望儒家的发展,一方面注重它的文化认同性(identity),一方面也能强调它的普遍性(universality)。儒家的学术思想和中国文化中间,在什么地方有联系,在什么地方有分歧,这个课题值得作进一步的检讨。同时,把儒家到目前为止在东亚发展的情形,以及儒家在非东亚地区,比如新加坡发展的远景来加以探讨的话,这个问题会谈得更深入,更周全。

吕:方才您提到儒家和佛教、基督教比较之下,在实际上的普及程度都不如后两者;同时又提到基督教目前神学发展的倾向是:其超越性逐渐落实到现实社会的层次。假如儒家之天道确是表现在人道的层次,那么基督教这种神学发展的倾向,似乎是愈来愈儒家化或现世化了。既然历史告诉我们,本质较为超越、较为他世的佛教及基督教比儒家历来较为普及,较有普遍性,譬如,当初佛教传入中国时,这种超越性就吸引了无数中国的信徒,那么,今天我们在比较宗教的启发下,反省今后儒家发展方向的问题,正确的路线到底是应该天道落实到人道,或应该是人道升华到天道?

杜: 我觉得这问题很值得深谈。我个人初步的意见是这样:儒家不是一个布道性极强的传统,在儒家经典里有所谓"往教非礼也"的说法,到外地去传道是不合"来求"之礼的。理由是,如果给人家知道你的道德修养与实践有很高的水平,他们会来向你学习,所谓"有朋自远方来不亦乐乎",不是"往教"而是"来求"才合乎礼。而基督教和佛教都有很强烈的传教意愿,基督教特别是如此,所以它的普遍化及广为流传和它的福音要传到世界各地的意愿很有关系。

吕: 换句话说,佛教和基督教的较有普遍性,不是因为它们的超越性。

杜: 不完全是基于它们的超越性,超越那面当然很重要。我觉得现代思想的趋势是以20世纪人类全体的生存条件、人生意义、社会及文化所面临的危机、将来的展望等课题为起点,而对各大宗教各大传统重新反省、了解、评价,不仅是基督教、佛教和回教对这些问题都有新的理解。20世纪的问题是人的问题,既非把天道拉下来成为人道,也不是把人道提上去变成天道,而是认为人道与天道如何结合的问题,即是人的问题。人不仅是生物的存在,也不仅

现龙在田:在康桥耕耘儒学论述的抉择(1983—1985)

是动物的存在,也是神圣的体现。人有永恒、超越的一面。如何从人的问题全盘地反省,也就是如何建立"哲学的人类学"(philosophical anthropology)。现在这个课题不仅是哲学界的课题,同时也是宗教神学上的课题。儒学对这个课题可以提供一条线索,这条线索对20世纪乃至21世纪人类的自我反省应有启发性。我认为儒学是人类思想上一个很重要的精神资源,我们应该利用它既有的成绩,了解它的发展趋向以及其正面和负面的历史意义,从现在面临的人的具体问题出发,重新反省做人的道理。儒者要扮演这个角色,他自己应有开放的心灵,并应与基督徒、佛教徒的大师大德做进一步的对话。以学心听,以公心辩。

超越而内在的价值取向

吕:也就是说在20世纪的今天,设法使人道与天道合而为一,是儒家对于其他宗教传统可以有所贡献的地方。

杜:另外一方面就是所谓平凡中的伟大。在现实社会里,人是一个活生生的肉体,因为他的生存就是构建在很多人与人之间,还有人与自然以及人与其他事物之间的关系中。人是在各种不同关系集合中所组成的存有,如果用佛教的话就是"因缘假合"。但儒家并不是从因缘假合的关系来理解人的终极意义,而是从这些关系的永恒价值来肯定人的特性。若从表面上来看这些关系,譬如,一个具体的人生存在某一空间与时间,他的种性,他的生理结构等等,都不是他一个人靠自觉的反省所能控制的条件。儒家的特色就是接受这些使我们成为一个具体的人的条件,而把这些条件转化为个人发展的一些依据、一些工具、一些帮助我们完成人格的助缘。以前特别注重超越这一面的宗教传统,它们的重点都不是从个人存在的具体环境出发,而是以上帝存在的命题为起点,或从如何达到"涅槃"这种思想与境界来立论。儒家对它们的挑战就是:如果现在要重新反省作为20世纪的人的问题,就必须从一个具体现实的人所遇到的存在考验这个基础上出发。因此儒家有一个信念,认为人是由各种不同关系所组成的,他的发展过程可以用逐渐扩展的人际关系,或逐渐扩大的圆圈的方式来表达。那圆圈的外缘是永远不能封密的,可以用虚线来表示。所以,站在理想的层次,人要超越自己,超越家族、种族、国家,甚至超越以人为中心的世界观,才能充分完成自己的人格,才能体现那"天人合一"的境界。就好像把一块石头丢在湖里,那波澜逐渐扩展一直到与整个湖合而为一。超越有两个意义,一个意义是超离,也就是远离原有的基础;另外一个意义是扩展、提升,也就是能够站在原有的基础上作更进一步、更上一层楼的努力,以突破自己的限制。譬如,我以前100米要跑11.5秒,我现在能跑10秒就是一种超越。儒家的超越不是超离,而是一个能逐渐扩展与突破限制的观念。现在很多神学家认为,对这一个观念值得作进一步的探索,上帝不是完全超越而外在的实体;不是人的理性所不能理解的动源,并非惟有向他作无限信仰与祈求才能获得福赐。上帝很可能是存在于我们内心深处,作为我之成为我的最根本也最自然的终极基础。而这个精神的实体,是需要通过我个人的自觉和反省;不仅是个人的自觉和反省,也要通过人与人之间的互助互爱所表现的共同德性,也就是全体人类的自觉和反省,才能体现出来。这种上帝的新观念,不是超越而外在的,而是超越而内在的。表面上看起来似乎有矛盾,实际上并没有。也就是孟子所说的,"掘井及泉",挖得越深扩展得越大,愈内在愈超越。这是中国学术思想的基本方法之一。

(原载新加坡《联合早报》1984年3月2日)

三

平实之道需要见证者

吕:中国哲学里最终极的真理就是"道",我们刚刚也提到"人道"与"天道",以及两者之间的关系。我们今天推行儒家思想,总希望能说服一般年轻人,但我们怎样向年轻人说明这表面看起来似乎是虚无缥缈的道。

杜：我认为儒家的道平实具体而绝非虚无缥缈。道是一条路，一条人走出来的路。儒家主要的是讲人人都能够而且应当身体力行的做人的道理，所以它并非先提出一些空洞的观念作为运思的起点。譬如说朱熹和吕祖谦合编的《近思录》即是取《论语》的"切问而近思"的意思：问要问得切，而思要思得近。基本上是从一个具体的、有血有肉的人，也就是自己为出发点。譬如《论语》所说的："未知生焉知死"，"未能事人焉能事鬼"。很多人说儒学是注重人而不注重鬼，注重生而不注重死。我想这是一种误解。儒学固然强调养生，但也重视送终。对于鬼神，儒家谈得很多。可是儒家的基本起点是人的具体存在问题、生的问题、发展的问题、完成人格的问题。其实，任何一个宗教或伦理道德的传统，都需要有见证。若只有一套空谈的观念而没有见证，这个传统必然成为僵化的传统。儒家在五四时之所以受摧残，并不是因为它没有精彩之处，而是因为它精彩的地方没有通过具体的生命而表现出来，也就是真正能够把儒家传统的精华体现出来的人物太少、太弱。

在这种情形下，儒家很自然地变成年轻人心目中的老古董，怪不得他们认为只有在书本里才可以找到儒家所描写的人格理想。若要分析的话，其原因是很复杂的。我认为最大的原因是儒家思想被政治化的结果，变成了帝王愚弄人民、控制人民的一套工具，所以儒家在有理想而心灵非常健康的年轻人中没有发挥它积极的作用。这种现象自从五四时代到现在,已经经过了好几代的发展。到了现在,我认为儒家已经进入"一阳来复"的阶段。也就是说,它孤立、柔弱的时期已慢慢过去了,现在它有一个生机,快要重新振作起来了。任何一种力量要想复兴,总要引进很多源头活水,而这种源头活水的供应,在目前这一阶段还很薄弱,因为它正处在《易经》复卦中"一阳来复"的阶段。但是,它的力量虽然薄弱,却是上升的,而不是下降的。上升的力量如果能激发一些人去身体力行,见证的人就会多起来。希望在学术界、政治界、企业界等方面,儒家的思想都能逐渐壮大起来。目前,儒家伦理仍在华人社会中扮演重要的角色,这些例证真是不胜枚举。可是,儒家伦理是在不自觉的、没有经过反省思考、没有系统的情况下发生作用的。如果这些作用能够结合起来,提升到意识的层面,儒家伦理就会像许多水珠合成细流,许多细流汇成大江,成为可观可叹的波澜。

吕:您的意思是说,目前儒家思想源头活水的薄弱、力量的微小,主要是由于见证者的缺少,因此,无法在现实社会里充分地发挥其影响力。

杜:对的。

儒门淡泊乡愿盈门

吕:这使我想到有关儒家思想在现实世界表现的另一个问

题。比如您刚刚提到过的儒家思想的政治化。我们都说政治化是一种歪曲、误解,但有时候提倡儒学的人,却用儒家思想在政治及典章制度上之表现来证明其影响力。这其间是否有一些论据上的混乱与矛盾?我的问题是:儒家思想在典章制度上之表现,在何种情况下是正常而健康的,在何种情形下可以被认为是一种歪曲?

杜:我们今天所处的环境,不论是在中国台湾、中国大陆、新加坡、中国香港、日本或韩国,都不是所谓"儒家的时代",而是西方文化挂帅的时代,是商业及科技文明挂帅的时代。但是在历史上有没有儒家的时代?有的。儒家在东亚曾发生过很大的影响。我们可以说东亚从10世纪到19世纪中叶是儒家的时代。在这段期间内,中国的宋元明清、日本的德川、朝鲜的李朝以及越南,都受到儒家政治文化的熏陶。此外,还有没有儒家的时代?春秋战国是儒家产生的时代,汉朝是儒家影响政治的时代,即使从魏晋南北朝到唐朝这段时期,算是玄学和佛教的时代吧,但儒家在社会习俗、政治组织、学术思想,特别是经学、礼学和史学方面,仍有突出的表现。所以,我们要知道,我们目前所处的时代,相形之下,并不是儒家的时代,不但不是儒家的时代,反而是儒家自先秦以来受到摧残、误解与歪曲最厉害的时代。因此,我们所目睹的多半是《儒林外史》里所体现的儒家的阴暗面,而不是宋明儒学,或是先秦儒

现龙在田:在康桥耕耘儒学论述的抉择(1983—1985)

学,或是汉唐盛世所体现出来的儒家的真正精神。

当我们看到许多乡愿型的人物,各种崇拜权威丑态,向现实低头,没有理想,走后门,近亲繁殖,注重家族裙带关系,以及过分强调现实性、功利主义,这些在今日东亚社会常有的现象,我们都可以说是儒家的阴暗面,或类似于《儒林外史》里的儒者所表现的可恶的儒家。如果儒家真能"一阳来复",在东亚社会里重新兴起,产生一股文化思想的新力量,那不能只靠学术思想上的努力,必须在各行各业,特别是在年轻人中,出现见证者。总而言之,如果儒家的健康思想能够在政治界、在学术界、在企业界、在艺术界启发一些有志气的青年,能够指引出一条新的道路,那么儒家还有复兴的可能,否则不过只是少数人的梦想和希望而已。因此,我们应该承认,从理论上来说,儒家不一定会复兴,假若环境不允许,真正从事这方面工作的人力量太薄弱,或由于种种不利的外在条件,儒家很可能再过一段很长的时期还不会有什么大发展。如果不经过一批道友深切地共同努力,儒家思想,即使有很好的助缘,仍旧不能超脱"淡泊"的窘境。譬如一个献身布道的基督徒,初次到一个陌生的地方,他要经过多少的考验、多少的奋斗,才能真正地把基督教的博爱精神,也就是福音体现出来。如果那些传教士没有用自我牺牲的精神来传播上帝的福音,相反却利用基督教来压迫人民,那么基督教也是一片空谈,也不会产生实际的效果。因为我们现在表现儒家精神的例证很少,所以儒门才会变成这么一个"淡泊"的局面。在过去儒家的时代,这种见证的人物,当然是数量大而素质高。讲得较为具体些,在20世纪,即是《儒林外史》里所代表的形象最显著、影响最大的时代,在什么地方还可以看出儒家的真精神并没有全然消失呢?譬如,在一个华人的社会里,人与人之间能够表现出那种互敬、互爱、互助的友情,这就是儒家伦常的精神的一种例证。又如东亚社会里许多父母愿意牺牲他们应有的享受,来培养他们的孩子受教育。他们这样牺牲,并不是为了期待他们的孩子将来受完教育后能够反哺报恩,这也是儒家亲情的明证。另外,在工业东亚社会里,还有许多公仆愿意牺牲小我成全大我。这些精神,和儒家为民服务的大公无私的精神是一致的。

儒学的当代转化

吕:您方才提到儒家思想在某一时代之所以强大或薄弱,主要条件之一在于有没有足够的见证者。但除了这个条件外,儒家思想表现之所以薄弱,会不会是基于其思想本身之不适合于某一个时代的环境?我记得您1982年在新加坡公开演讲时曾说过,儒家思想需要重新作一番创造性的转化才能适应目前新加坡的社会。若是这样,那么儒家在某一时代之所以不发生作用,不一定是见证者足不足够的问题,而可能是思想本身有限制或无法充分适应的原因。

(原载新加坡《联合早报》1984年3月5日)

四

杜：这当然是值得我们加以考虑的大问题。我们可以问人是为了什么而生存的?假若某一个时代的人是为了享乐,为了金钱,为了外在的条件而生存,那么物质享受变成主流的思想,当然跟儒家的思想是背道而驰的。这正是春秋战国时代的社会情况,和我们目前的情形有相似的地方。但这并不表示儒家思想在这样的社会就不会发生效果,它也可能形成时代的中流砥柱,局部地、在重要据点上逐渐转移社会风气。我想这不仅是儒家的课题,同时也是其他宗教和传统的课题。儒家这个思想传统自从它在所谓轴心时代出现以后,即像长江与黄河挟泥沙而下,形成了一条源远流长的思潮。这条思潮曾经过了很曲折的发展。譬如,像宋明理学这么大的转折发展,世界上除了天主教由马丁·路德改革而改变成新教,在基督教传统里面有这么一个转折发展以外,我相信很少再有其他例子。从中国历史的长河来看,儒学接受佛教的挑战,经过长期的奋斗后,终于发展出宋明儒学这种体现东亚文明的大思潮。

它的影响以及在理论上的涵盖性,可能比天主教转成为新教那股力量还要广还要大。儒家由于有这样的历史因缘,所以使我们今天会考虑到它有没有第三期发展的可能。而在这个情形下,创造的转化成为儒学能不能够在今天继续生存和发展的必要条件。但这个创造的转化需要靠人,而这些人不能只是空谈的思想家,同时也必须是能够在道德实践上身体力行之见证者。不仅如此,思想之能不能够在现实世界上发生作用,必须经过知行合一的过程;如果只是停留在理念的层面,凭空推理,跟现实世界的大问题不接头,它的影响力还是有限的。

吕:您刚刚说,儒学在某一时代往往由于其他宗教传统的挑战而产生一些创造性的转化,而我们今天很可能就是这样的一个时代。这使我连带地想起一个问题:第三期儒学发展的性质与内容是什么?这问题和最近一些港台的学术人士所谈论的"新儒学"有关。从哪个角度来看新儒学的形成是一种创造的转化?

杜:从历史的发展来看,毫无疑问地,儒学曾经经过了好几次的创造转化,宋明儒学所体现的转化之一,就是把佛教的修养功夫消化成儒学自己的身心性命之学。其转化的过程一方面具有批判性,另一方面也具有容受性。而批判性就是重新发扬原始儒学或先秦儒学,特别是孟学所代表的精神;容受性就是从佛教乃至道家里吸收很多精彩的新东西,比如明心见性的学问、形而上学的体悟、辩证推理的方法以及语录的表现形式之类。在西方文化没有入侵东亚之前,儒家这套思考方式是东亚精神文明的体现。这并不是说除了儒学外没有其他的思想,如佛教、道家、日本的神道、韩国的巫术以及其他的民间信仰,也都在东亚发生过很大的作用。儒家之成为东亚文明的体现,有很复杂的历史背景。譬如属于知识分子的士人阶级,都受了儒家教育的陶冶,即是光大儒门的因素之一。

这段时间相当长,有好几百年的发展,从第10世纪一直到19世纪。我们今天想知道影响东亚文明几百年之久的这个传统,对于西方文明的撞击,应有如何的反应。这个问题如何解答,可以决定儒学可不可能有第三期的发展。今天西方文化对于儒学的撞击远超过当年佛教对于中国文化的撞击,因为时间短而接触面大,想要以历史经验为准来了解西方的撞击,好像要把佛教传入中国的历史压缩成几十年,又加上蒙古铁骑横扫中华的历史,两者合一才可和西化经验相比。

西方思想对儒学的挑战可以从三个层次来看:第一是超越精神的层次,也就是基督教所代表的文化方向,同样地犹太教及回教都是属于这一系统的宗教;第二是社会的层次,是社会构建的问题。目前对东方影响最大的是马克思主义;第三是心理的层次,是弗洛伊德古典心理学及继之而起的心理分析学。我们可以说,心理的层次、社会政治经济的层次,代表西方文化的各种领域。另外,从五四以来中国知识分子认为西方文化中最可提供新方向的是民主与科学。我们不能把民主与科学所带来的新课题当做技术性的问题来处理。

民主在西方文化里面有很深厚的文化传统,也跟西方的宗教体验、社会制度和对人性的基本了解有很密切的关系。科学的根源也是这样。科学不只是技术,科学在西方的发展跟它的宗教与社会结构,跟西方人对自然的理解、对个人的理解都息息相关。所以,西方文化对于东亚文化的撞击,对于儒家的撞击,是全面的。从鸦片战争到五四,东亚文明,尤其是儒家文化,应付这种撞击的过程真可说是不堪回首。中国对西方文化撞击愈来愈防不住。开始是国防,后来是政治结构,社会、文化各方面皆节节败退。到了五四时,提出全盘西化的口号,就意味着彻底承认我们在各层面都不行了。其实戊戌政变时,梁启超提出"新民"的观念,便说明我们整个意识形态要换,全部的人格典范与哲学内涵都须改变。但是,我们应该了解,从五四后,有一股非常有意义的思想力量出现了。它虽然不是主流,但在哲学思辨上却非常深刻,希望能站在儒学的立场对东西文化的交流作全面而深入的反省。这股力量是由少数的儒家思想家所形成的。

在五四时代西化呼声高唱入云的关头,以儒学为基础的哲学

现龙在田:在康桥耕耘儒学论述的抉择(1983—1985)

反省就已开始了。这种反省虽然是形而上学的,但却有浓厚的文化感受和社会关切。梁漱溟即是例子。又譬如熊十力,基本上是在本体论、存在论上的反省,在哲学思辨上的反省,而他的训练是从佛教来的,转过来做儒家形而上学的重建工作。从基本的哲学思考上来说,在20世纪西方文化的撞击之下,作为一个堂堂正正的中国人,能够成为儒家信徒有没有可能?如何可能?儒学在社会上如何表现?在社会上能不能成为一股力量?跟西方文化所带来的种种不同影响应该有什么关系?如何反应?如何对话?比如说张君劢,在政治上也曾做过构建的工作,在西方文化撞击到中国来的大潮流中,他这工作虽然没有发生很大的力量,但却有很深的意义。当时真正代表中国思想的是西化思潮,以自由主义的胡适、用一支健笔打倒孔家店痛斥礼教的鲁迅,以及社会主义的陈独秀和李大钊等为代表。可是,即使后来当马克思主义形成了主流,代表儒家精神的几位先生所做的工作仍有深厚的意义,并不能说它完全没有发挥作用。在抗战期间,冯友兰和贺麟就做过将儒学和西方思想结合的努力。唐君毅、牟宗三、徐复观在抗战及1949年后,继续张君劢、梁漱溟与熊十力对儒学的现代发展作了进一步的提升。又如钱穆及后来到台湾发生很大作用的方东美,也都是在这大潮流下曾经对整个西方文化的冲击作过反省的人物。我们现在是近七八十年来新儒家的第三期发展中的第三代。这个工作将来怎样推动？能不能有很健康的发展？会发展成什么形态？能产生什么力量？都是未知数。所以我只能用"一阳来复"的观点来描述目前的情况,这不是个人一相情愿所能达成的,要靠大家努力来创造。我想,现在外在的客观环境是很好的,就是大家有这个要求,有这个意愿要谈做人的基本问题,而这些问题和儒家的基本精神有很多不谋而合的地方。但这并不表示儒家的思想精神因外面的要求突然就可以康壮起来,还是需要有见证者一步步地、慢慢地向前发展。而我所谓见证者的范围很广,不只限于学术界,同时在企业、政治、文化、艺术各方面都应有所表现。

第三期发展

吕:所谓儒家的三期发展是……?

杜:所谓儒家的三期发展是根据第一期,即雅斯贝尔斯之所谓的轴心时代,从公元前10世纪到第6世纪那段时期。那期间很多重要的思想同时出现……

吕:这是世界性的哲学发展现象吗?

杜:从雅斯贝尔斯的立场来说是世界性的。在中国就是儒家和道家,在中东是犹太教(以后发展出基督教和回教)和祆教(又称拜火教),在希腊是苏格拉底时代,在印度是婆罗门教和佛教。这些思想在公元前第6世纪同时出现,而且它们彼此之间互相交通的痕迹并不明显。这可说是儒家的第一期发展:从孔子、孟子、荀子到汉代的董仲舒。从魏晋到唐宋虽然佛教发展很盛,儒家的经学传统并没有中断,儒家在社会礼法方面的影响还非常大。比如魏晋时代的士族,多半遵循儒术。真正思想上的突破,要等到宋明理学的周敦颐、二程、张载、朱熹、陆象山、王阳明和刘宗周这些人。所以宋明理学是第二期发展的前段。到了清代,因为受经院性的考据学术思想的影响,在思想上虽然没有什么创新的体系(戴震例外),但在训诂解释方面确有突破性的贡献。而在这个时候,西方文化撞击到中国来了,也就是说西方文化在儒学第二期发展的末梢乘虚而入,使得儒家文化所孕育而成的东亚文明受到空前的打击。我们今天所面临的是第三期的发展。问题是可能性如何?前景如何?应朝哪个方向努力?

(原载新加坡《联合早报》1984年3月9日)

五

吕:儒学的第三期发展,从张君劢、梁漱溟、熊十力、方东美、唐君毅、徐复观、牟宗三,一直到杜教授您本身,以及余英时、劳思光、刘述先、傅伟勋、张灏、林毓生等较年轻的一辈,在方向上有没有改变?

杜：你也了解在去年台湾之《中国论坛》杂志，韦政通组织了一个座谈会，对于新儒家作了一些反省。那个反省基本上是站在现代化的立场来看新儒家，一般的结论是认为新儒家该产生的作用已经产生了，我们应当超越前进。我的立场可能和其他师友们的看法不尽相同。这几年来对于新儒家的反省给我启发较大的是劳思光为了纪念唐君毅所写的一篇文章，而这篇纪念文里面，就对于儒家第三期发展所可能遭遇到的两大难题，作了一番分析。

他认为第一个难题是熊十力、梁漱溟、唐君毅、牟宗三、徐复观等对于儒家思想同情的了解多于批判的分析，因此对于儒家文化为什么在传统中国受了政治化影响以后，同专制政体和封建制度结合这个大公案没有清楚解释。因为，如果儒家思想的确是那么伟大，它是不应该没落的，而应该长期在中国发生积极的影响。如何认识儒家的阴暗面是很重要的，因为一个思想越能了解自己的阴暗面，它越能健康地发展。而儒家难得的一点是，从五四以来，中国知识界第一流的人才多半成为批孔的健将，所以儒家的毛病，是众所周知，就等于是月亮的阴晴圆缺一样，大家都很清楚。甚至于儒家经典中一字一句难于了解的地方，可以引发误解的地方，可能被歪曲的地方，都在放大镜中凸显出来了。就是因为这样，我们过去的师友们为了要把儒家身心性命之学的真骨髓发扬出来，对于儒家如何堕落成专制政体的附庸或成为利禄之途，甚至对于像

现龙在田:在康桥耕耘儒学论述的抉择(1983—1985)

《儒林外史》所表现的一些人格形象,像《阿Q正传》里所提出来的那方面的反省与批判不够正视,我们应该作进一步的工作。

另外一个难题是儒家的运动,多半以人为中心,还没有成为一个客观的以制度为基础的学术运动。这方面的努力到现在才开始。这个运动需要很长的时间才能建立一套成为儒学发展的依据的制度,也许不是我们这一代人可以完成的。假设儒学是以学校为主,那么应有怎样的学术环境?是否应该像基督教、回教一样成为一种宗教?这些问题都值得我们讨论。当然,儒学没有庙宇教堂的结构,从一方面来说固然是缺陷,它的组成能力和基督教比较起来就差得很远。但也因为如此,儒家反而没有通过世俗化的过程而扣紧人生课题,它本来就一直在人伦日用之间起作用,因此它的影响比较广。从研究儒学的立场来看,一个基督徒、佛教徒或回教徒愿意同时作为个儒者,是毫无问题的。因为儒家不是宗教,所以具有这样的弹性,任何人都可以对"如何做人"的道理参加讨论,并进一步地加以反省。

哲王观念与知识分子的独立精神

吕:您的意思是不是说,若希望儒家思想能够落实在现实世界起作用,必须要有一位儒学的哲学王(philosopher king)兴起,他不但具有政治权力,而且对儒家有同情的了解,能够起带头作用?

杜：我基本上是不接受这种观念的，不但不接受，而且怀有很大的排拒。我私下以为，在20世纪的末期，若用政治力量来推动儒学，参与其事的儒者所要付出的代价可能比获得的收益大得多。如果要讲策略的话，那么，基本上由知识分子来发动较为有效，就是希望这个思想能够成为有理想、有理性、有学养的知识分子所共同接受的对于人的价值的基本信念。

这种思想的发动者可以是基督徒、回教徒、佛教徒、犹太教徒、印度教徒或其他宗教的信仰者，但在原则上对于人现在所面临的大问题是运思的起点，而且希望获得一些相通的看法。儒家对于形成这种相通的看法，也就是形成人类对自身命运的共信和共识，应能作出贡献。

吕：假如一个政府的领导人同时也是知识分子，他愿意为儒家的宣扬与推广尽一分力量，到底有什么不可以的地方？

杜：当然是可以的，但是他必须以身作则，不能够利用儒家来控制他的社会，稳定他的政权。所以，我们所需要的圣王或哲学王是可遇而不可求的。在20世纪的今天，想遇到这种人是很困难的。我们所谓知识分子，并不是专指学术界里的人，有些学术界里的学究根本不是知识分子，因为他对天下国家大事完全不感兴趣，他只是一个专家而已。所谓知识分子，是在政治、社会、艺术、企业、文化界或军队内都可能出现的，他（当然也包括她）应该有文化的理想、道德的关切,同时对世界各方面的问题都能够、都愿意去作有深度的思考,可以牺牲小我完成大我,并有远见。也就是传统孟子所谓的"士"。士不是一种阶级的观念,士应从洞见、学养、意愿来规定,所以士无恒产而有恒心。他虽然没有经济的基础,却有理想。他可杀而不可辱。一旦这种人物能够在文化界、思想界、财经界、政治界、文艺界、军事界出现,那么,儒家就已经是迈向了有见证者的康庄大道了。

吕:您刚刚提到对于由政府领导者来推行儒家有点抗拒心理,但又谈到所谓哲学王可遇而不可求。您主要的顾虑是怕儒家思想被政治家所利用与歪曲。假如可以避免被利用与歪曲的话,您还会不会抗拒由政治人物来带领儒学的推广?

杜:基本问题是这样的。任何一个思想须要独立于政权外,成为批判的中心。如果行政立法的决策机构结合为一,那就一定造成自由主义大师阿克顿勋爵(Lord Acton)所说的:权力必倾向于堕落;绝对的权力,就会绝对的堕落。这是人类历史发展的规律。儒家要想发展,就不能借助于现实的政治势力,而要有独立思考的自由环境。如果一个政治上的领袖愿意以身作则,用儒家来进行他的政治理想,自己变成推行这理想的成员,这当然是可遇而不可求的好事。

新加坡的考验

吕：能不能把我们讨论的方向转移一下？您所说的第三期儒学发展，可否发生在新加坡？您已经去过新加坡两次了。您在新加坡公开演讲时曾一再强调说，儒学若要适应新加坡社会，须经过一番创造的转化（creative transformation）。您方才也提过到目前为止的第三期的儒学发展过程，由于五四以来的极端误解，用同情的了解来强调儒家之永恒康壮的一面是需要的，但同时也不可忽略批判的工作。那么您认为儒学在新加坡的发展，是否需要先经过一番批判的过程？

杜：新加坡对于儒学能否有第三期的发展是很大的考验，而且是一个非常难得的机缘。在新加坡现阶段之推行儒家伦理有很多困难。第一个困难是意识形态的困难，因为新加坡的知识分子是吃五四的奶水长大的，对于儒家思想多少有一种排斥的心理，也就是说儒家在新加坡的公众形象还具有深厚的封建与专制色彩，被认为是重视父权、君权与夫权的权威主义，被认为是对于青年文化、妇女运动与民主政治的发展都具有负面意义的保守主义。从另一方面看，目前新加坡为了要与西方经济作长期的竞争，商业化与凡俗化的倾向也非常明显，这些都是使儒学的发展特别困难的原因。这些困难也有好的作用。譬如，对新加坡前途作深刻反省的有识之士,除了政治领袖外,尚有企业界与学术界的人物,因为他们受了五四的影响而对儒学的阴暗面有高度的警觉、深刻的体会,所以能够在新加坡发展的儒学必然是较为健康的儒学。五四的传统所造成的气候,从反面来看,也会使儒学的发展困难重重,不会是一帆风顺的,一定须要经过一番艰苦的奋斗与深刻的反省。一般受过五四洗礼的人,不会轻易地接受儒学的基本教条。参加儒学重建工作的人,一定要有很深度的反省以及强大的说服力,须要花九牛二虎的力量才能产生效果。

吕:您的意思是说,在新加坡,发展儒学虽然有困难,但也因为那里的知识分子受过了五四运动的洗礼,又由于英文教育的关系,而对西方文化里健康的一面也较有了解,所以儒学的发展虽然困难重重,却也比较不容易受歪曲与利用。

杜:对的。我想儒学在这种环境之中,能够发展的是经得起考验的一面,经不起考验的部分也许在提出来以前或一提出来就被批判掉了。这是极好的事。

吕:那么在新加坡推进儒学是否须要与外界多联系?若答案是肯定的,须要以何种方式与外界多联系?

杜:因为新加坡是一个转口港,也是一个重要的金融中心,商业界、企业界与外界之交往一向是相当频繁的,但这并不表示新加坡的学术界也是同样地开放。我感觉到新加坡的学术界、知识界和企业界、商界比较起来,似乎是比较闭塞的。正因为这个原因,如果新加坡要变成一个脑力资源的重点,它的文化水平、知识水平都需要向上提,不仅要了解世界各地的商业行情,也要了解世界各地的学术动态。因为新加坡的读书风气现在还在慢慢培养中,真正的学术讨论、音乐会、艺术修养各方面都还得发展。在这种情况下,越能有外面的刺激,对新加坡之文化素质、文化动力就越有助益。文化的交流可以通过不同的方式,一方面可以尽量鼓励新加坡的学人去参加国际会议,另一方面也可设法变成各种不同的学术讨论的基地,或成为东西文化对话的中心。虽然在短期内不一定能看出它的结果,但长期从培养、训练人民的心智各方面来看,它还是会有一定的价值的。

吕:新加坡最近成立的"东亚哲学研究所",对于您方才提起的工作方向是否会有帮助?

杜:据我的理解,这个研究所可能是将来全世界研究东亚哲学资源最雄厚的机构。如果在人才方面有适当的选择,在图书设备方面有长期的发展计划,毫无疑问地,在 5 年、10 年之内,这研究所将成为全世界研究东亚哲学的重镇之一。这个重镇一方面可以带动新加坡本地学者对东亚哲学的问题作长期性的反省,另外一方面也可以提供给海外对这些问题有兴趣的人士一个继续研究的据点,同时也可成为培养儒学伦理师资的重要基地。

现龙在田:在康桥耕耘儒学论述的抉择(1983—1985)

文化中国的儒学交流

吕:虽然您这么强调儒学研究交流的重要性,但中国台湾、中国大陆、新加坡、中国香港以及其他地区的学人,会不会因为政治思想的差异,而阻碍他们彼此之间的对话与沟通?

杜:因为政治立场的不同而使得学术文化的交流受到阻碍,甚至于完全切断,这是有目共睹的现象。台湾的学者与大陆学者,30年来几乎没有交往。在现阶段看起来,彼此的联系还是相当薄弱的,而新加坡和台湾的学者虽有一些交流,但与大陆学者交流却很少。在东亚地区如台湾、日本、韩国之间,学者的交往也不密。就以儒学交流课题来看,我自己的构想是这样的:在未来的10年,儒学研究的核心地带应以日本、韩国、台湾、香港与新加坡这个所谓东亚的5条龙为主。这个核心地带若要想丰富儒学研究,就必须突破中国文化的限制,而设法跟第一流的日本学者、韩国学者作进一步的对话与交流。所以说东亚工业地带的日本、韩国、台湾、香港以及新加坡等地区的学者,若在儒学研究上精诚合作,互相提携,那么,在将来的10年、20年内,这地区有可能成为儒学研究的基地。我们也应该了解到,中国大陆经过70年代的思想改变,到了目前的80年代,儒学的研究也已成为一个重要课题。

我1980年在中国大陆停留了6个月时间,其中4个月在北京。我认为大陆目前在儒学方面的工作做得非常深刻,而且可以对儒学第三期发展提出创新观点。他们也出了一些具有启发作用的人才,可以举几个我个人有过直接交流的例子。如北京大学哲学系的汤一介,虽然基本上是研究魏晋玄学与佛教,但他对于儒学方面的关切是很明显的。他这次在加拿大蒙特利尔(Montreal)第十七届哲学大会所提出的论文,就是讨论儒学;又如庞朴,现在是《历史研究》的主编,他在儒学上的造诣海内外很少可以比拟;又如李泽厚,对这问题已提出不少经过沉思的结论;张立文著有《朱熹思想研究》,他功力的深厚以及对问题的心得,也赢得了海内外人士的重视;陈俊民研究张载,金春峰研究宋明,方克立研究知行合一,刘蔚华主持孔子研究会,都有突出的成绩。至于前辈学人如冯友兰、严北溟、匡亚明、张岱年、朱光潜、贺麟、赵光贤,成绩就更可观了。

台湾方面根据我个人片面的了解,研究儒学或中国哲学的动力,中文系似乎比哲学系更大。就以台湾大学为例,中文系里如梅广、张亨等所指导的中国哲学的论文,可能比哲学系里要多好几倍。师大中文系有戴琏璋。又如清华有成立文史研究所的计划。不过,东海大学哲学系最近有突出的发展,值得重视。至于辅仁,能在中国哲学方面有如此显著的贡献,更是难得。新加坡现在才刚刚开始,如果这方面能够跟日本、韩国和中国台湾合作,又能积极进行和中国大陆的学者交流的计划,即使不能直接交流,也可通过中国香港与美国作间接的对话。我们在欧美的学术从业员可以负担后援的任务,也许还可以提出一些东西比较的课题,提供对这些问题作进一步思考的方法。由此来看,儒学第三期的发展可能会有一支相当坚强的队伍。另外,儒学能不能在欧美社会发生作用,对于基督教神学、西方马克思主义(或法兰克福学派),甚至对于弗洛伊德心理学以后的发展,能否有一些对话的可能,这也是儒学第三期发展之重要课题。我想再经过10年、20年,儒学和其他宗教、哲学的对话绝对可能,它可以站在不卑不亢的立场同基督教和弗洛伊德的思想交流。

研究方向

吕:最后一个问题是,您目前研究工作的方向是在哪一方面?

杜:我的研究可以说是蜗牛式的,比较缓慢,也可以说是螺旋式的。以前有人认为哲学研究有两种做法,一种是以题目为中心,一个题目做完了再做另一个题目,所以视野是比较开阔的。另一做法是钻研一题目,愈钻进去愈复杂,它的范围愈广。而我的方法比较是属于后者。基本上我一方面把儒学当作历史现象,因此,可以从思想史眼光对这历史现象作一比较平实客观、较深入全面的理解。另外,我也把儒学当为思考的方式、生命的形态(form of life），因此可以从比较宗教学、哲学、比较伦理学的立场和从事这方面学术工作的人员作一交流。具体地说，我是从孟子下手，因此对孟学里面的一些问题感受深切。我的博士论文是写王阳明的，目前研究工作是对朱熹、刘宗周的哲学问题作一反省，希望通过王阳明、朱熹和刘宗周对于儒学第二期发展的问题，再配合第一期发展的问题奠定较为扎实的基础。但也不能够很明显地分为不同的阶段，现在对于第三期的研究也已开始。

基本上方向是如此，而交流接触面多半是宗教哲学及社会科学的人士。大家想要做的课题是把韦伯对儒学思想的解释作全盘反省，这也可以说是从儒学思想的立场来重新反省韦伯的课题，我也已提过对基督教神学、西方马克思主义和弗洛伊德心理学的兴趣。

吕：对于以上我们所谈过的问题有没有其他的补充？

杜：可谈的问题当然很多，但我们也已接触到不少一言难尽的课题。

吕：那么我们就此结束这次的访谈罢！谢谢杜教授在百忙中给我机会。可以向您请教有关儒学现阶段发展的一些问题，使我个人以及读者对这方面的问题增加不少的新见解。

（原载新加坡《联合早报》1984年3月12日）

传统文化与中国现实

——有关在中国大陆推展儒学的访谈

近年来中国大陆知识界掀起一股对中国传统文化进行反思,对东西文化进行比较的浪潮,儒学也成为老中青三代思想家、理论家辩难的焦点。山东曲阜孔子基金会的设立,以及北京中华孔子研究所的组成,显示有集中人力物力探索儒学的意愿和决心。但是投身改革运动的知识分子,特别是青年理论工作者,目睹封建意识形态在观念现代化中的阻力,对儒学传统则抱着批判和否定的态度。这篇访谈是在这个背景中进行的。接受访问的杜维明教授,在美国哈佛大学讲授中国历史及哲学,今年应邀到中国大陆讲学半年,他在这个访谈中,提出了研究的心得。访问员是北京大学中文系出身的记者薛涌,他的观点很能代表大陆青年知识分子的心声。访谈时间是1985年7月,地点在北大勺园。

当今中国的五大思想潮流

薛：杜维明先生,您曾谈到了儒学的内在精神及其第三期发展问题。您对儒学所抱有的信心,给了我深刻的印象。不过,对中国现实社会起着深刻作用的传统,是多种多样的。您对这些传统,有一个什么样的估计? 特别是您认为儒学的传统和其他传统相比,它对目前的社会发展可能在多大程度上起作用?

杜：我想在国内,我们目前正受着五种大的思想潮流(或者说传统)的影响。

第一个传统,我叫它是一种比较遥远的回响,能够听得到,心里有感觉,但和现实很难接得上头。这就是我们一般所说的那个源远流长的老传统。儒学也罢、道家也罢、佛教也罢,它们的真正精神都可以归入这一传统。这是一笔丰厚的精神财富,我们至少得通过知识分子群体批判的自我意识,才能把它继承下来,不然就永远是一个遥远的回响。另外,这一传统的负面,则体现为在人们下意识层运作的封建意识形态,它无论是对统治阶层,还是对大众群体,都有着相当广泛、直接的影响力。这种我们希望它不发生作用、希望能够把它当作包袱扔掉的"封建遗毒",因为主要在下意识层运作,所以若不通过群体批判的反思来对治它,那么,我们也无法把它扔掉。这一问题,上次我们曾经谈过。你可以说你要做一个完全不受封建传统影响的现代人,但是不知道通过什么渠道。传统中那些根深蒂固的封建意识形态,在你的行为、态度、信仰等等各方面都表现了出来。举个简单的例子:我接触过很多"自由主义者",特别是在台湾、港澳等地,当然大陆也有。西方的自由主义者特点很明显,他们常拥有一些做人的基本品质,比如他们首先是一个很好的听众,希望了解别人的意愿,而且有在各种不同的意愿之中取得某种协调的雅量。因此,他们的胸襟一般都比较豁达,思想也比较开放。中国的自由主义者,则往往不能摆脱权威主义的枷锁,甚至是强烈的权威主义者。他们宣扬自由主义,所采用的态度、方式和宣扬封建主义的顽固派差别不大,感情上很有爆炸性,当然也不会是一个好的听众,只能讲,不能听。你要不同意他们的观点,他们会同你火拼。你不能说他们在主观意愿上不想成为一个自由主义者,但是影响他们的行为、态度、观念、信仰等等方面的东西,很多都和自由主义完全没有关系,甚至格格不入。由此可见,尽管中华民族的文化有其辉煌的一面,我们在感情上也对这种文化有着很深的依恋,但当它落实到现实的权力网络之中,它的价值怎样体现?这还是一大疑问。

第二个传统,就是鸦片战争以来,中国从一个富强康盛的泱泱大国变成了一个受人欺辱的"东亚病夫"。这一巨大的历史潮流,猛烈地冲击着中国大部分知识分子的心灵和情感,使他们产生一种非常强烈的悲愤感,从而构成了一个至今还有很大影响力的愤怒传统。所有生活在现代中国的华人,只要在中学读过中国近代史,就难以回避这一传统的影响。

再有,就是五四以来反传统的传统。这个传统不仅在大陆,而且在中国台湾、中国香港、新加坡、马来西亚和欧美的华人社会都有很大的声势。现在50岁左右、或者50岁以下的知识分子,由于受过严格的古典训练的人非常少,他们所接触的有关中国文化的材料,大部分都是鲁迅、胡适、陈独秀、巴金等五四一代的文化精英用白话文所写的东西。因此一讲"国民性",马上的反应就是鲁迅笔下的阿Q精神、奴性等等;一讲中国的传统,就联想到胡适的包小脚、歧视妇女等等。可以说,传统在这里经过了一段暴露弱点的历史进程,人们对它有一种普遍的抵触情绪,即要清除它,扬弃它。当然,这和西化思想的冲击也有着很深的联系。

第四个传统,是万里长征以及延安革命斗争以来的革命传统,它有一套概括性很强的理论,并且通过一套完整的教育制度,很系统地把这套理论带到了中国知识分子的心灵之中,因而成为目前中国知识分子分析问题最熟悉的观念架构。不过,也许这一传统还不如一些人想象的那样单纯,其中不仅包括马列的经典理论和毛泽东的基本思想,而且还包括苏联早期、特别是30年代,在把这些基本的经典思想变成教科书的过程中所制造出来的一些模式。这些模式,应该怎么理解?我以为,这些模式和马克思、恩格斯在奋斗过程中所提出的观点有一定的距离。马克思主义在20世纪初叶还不是显学,还处于一种被压制的、要求发言的阶段,有很多内在的动力和生命力。到后来,苏联把它变成了一种"官学"。为了维持这种"官学"的系统性、完整性,他们对马克思主义进行了很多统一规则的解释,使之变成一种教条模式。每个人都得经过这种教条的洗礼。应该说,这种苏联的传统,也是根深蒂固的。

最后一个,也是离我们最近的一个传统,就是造反有理的"文革"传统。现在说要彻底否定这个传统,但真正要彻底否定谈何容易?在现在青年人身上,有五四以来反传统的意愿,有"封建遗毒",也有革命的传统,所有这些加起来,力量太大了。相比之下,那个古老的、遥远的回响则显得十分微弱。中国的近代历史有着许多断层,每隔5年、10年在经济和政治层面就发生一次根本性的转折或翻腾,各个断层时期的历史构成极其复杂的多层传统文化心理,使得现代中国人缺乏一种统一的、明确的、持续的历史感。于是便提出了一个问题:我们不知要经过多少代人的努力,通过系统的、全面深入的反思,通过主动的、自觉的奋斗,才能够把那个遥远的传统变成在现实中有生命力的东西。

美国是一个历史很短的国家,但近代美国历史的统一性和持续性却很强,使美国人有着强烈的历史感和传统精神。在中国,我们虽然也能够经常听到人们歌颂几千年的辉煌灿烂的文化,但这是否能够作为一种真正有生命力的文化意识,作为一种深刻的哲学思想来理解,还是个相当复杂的大问题。中国传统文化的真精神能够在中国重新复现吗?有人认为,即使它能在海外发扬光大,也根本无法回来;即使能回来,也必须经过纽约、巴黎、东京。就是说包括儒学在内的老传统必须现代化,必须在美国文化、欧洲文化、日本文化中开花结果,取得一定的说服力,然后才能康壮地回到中国。这也许是比较极端的看法,不过它可以反映一个事实:中国的老传统,虽然在中国社会(从最高领导到民间,特别是在习俗方面)还有一些生命力,但距离一种真正有创见的、有说服力的哲学思想、哲学体现,还差得太远。它还远不能和现在那些已为大多数人所接受的东西相抗衡。在这种情况下要讨论孔子,那可太难了。前一些时候有个成立孔子研究所的会议,我觉得是一次了不起的聚会,参加者有冯友兰、梁漱溟、贺麟、张申府、杜任之、陈元晖以及孔子研究所所长张岱年。他们有的已年逾90,七八十岁的前辈当然更不少。若在日本学术界,这些人就要被称为"国家财"(即国宝的意思),因为他们体现了一种智慧的结晶。然而在国内,他们并不受注意,新闻报道基本上都语焉不详。由此可以看出,所谓传统的回响,在整个社会中所起的积极作用微乎其微,乐观地说只有"一阳来复"的契机而已。人们的主要注意力绝对不在这里。

薛：我看这也许不是什么坏事，现在对此注意的人若是太多，反而不太妙。

杜：对，我赞成你的想法。要让它真正有生命力，通过一段痛切的沉思的潜流阶段是福而不是祸，这样可以避免许多干扰。如果大家现在突然发现儒家传统中间有许多好处，一窝蜂地重视起来，也许很快就把它政治化了……

薛：所以，我来采访您时，心情有些矛盾。

杜：哦，为什么？

薛：简单地说，我担心您的言论传播到学术界以外，会被一些封建的残余势力所利用。

学术政治化之下的知识分子

杜：我接触了国内的几位道友（讨论为学之道的朋友），他们也有同样的担心。不过我想，还有另外一方面的问题也许更严重。这也许是我缺乏"现实感"——不少人这样说，我在某种程度上也能接受这个批评；可是，还有一个"现实感"，我们也许注意得不够。这就是把中国文化摆在整个国际学术的发展趋向上来检视。

其中有些相当难得的机缘,如果我们不去把握它,对历史文化缺乏一种强烈的了解意愿,或是为顾忌某种现实效应,放弃对真理问题的探索,那么这本身就是一种过分现实乃至纯属政治性的考虑。以前我们在这方面吃亏太大了,五四以来整个知识界都为此付出了代价。

薛:您是说五四以来有学术政治化的倾向?

杜:这很明显。当时,大家对现实政治问题都特别敏感,因此胡适曾表示,他根本不赞成全盘西化,但由于传统的惰性太厉害了,非要矫枉过正不行。在鲁迅的言论中,国民性基本上就是奴性。若按此方向分析下去,也许会得出一个谁也不愿接受的结论:要做一个现代人,就不能做中国人。做中国人和做现代人是相矛盾的。然而,五四时代最重要的两种意识,一个是反传统的意识,一个就是爱国的意识。这在别的国家很少见,是世界文明发展史上一个相当特殊的现象。

薛:但是,五四时代的知识分子对传统文化的批评,是在一个很特殊的环境下进行的。他们的批判,都有很具体的针对性。因此,对他们的评价,恐怕不能一概而论吧?

杜:当然。严格地讲,恐怕还不完全是政治化的问题。五四时代的知识分子,针对那种想利用儒学来维持旧社会秩序的企图,采取了一个针锋相对的策略。他们非常了解他们时代的问题:传统的意识形态,被现实政治中最腐败、最保守、最反动的势力所利用,成为社会进步的绊脚石。而他们所可能意识到的现代化模式只有一个,就是西化。西化在当时是不可抗拒的潮流。由于西方的冲击,使得中国知识分子思想一面倒,基本上没法意识到应当彻底扬弃的传统思想中,还可能有拯救中国的源头活水。要现代化,似乎就必须斩断同传统的联系。

然而,正是这些知识分子,事实上多多少少地成为古今中外文化相互渗透、相互激荡过程中的牺牲者,带有强烈的悲剧色彩。比如吴虞,他的日记已经发表了,大家都可以看到。在思想上,他可以打倒孔家店,甚至和他的父亲决裂;而在感情上,又不能不摆出一副严父的面孔,来对待自由恋爱的女儿,甚至感到人心不古。胡适,他对易卜生笔下的娜拉,评价非常之高,认为她代表了时代女性,这种时代女性,有其独立人格,有自己的事业,有抗议精神,当然不被传统的习俗所束缚。但是,胡适本人的婚姻,却被他的母亲所安排。据说他的夫人是裹小脚的,文化水平不一定很高,因此,在知识层面和他交流的可能性不大,但他居然接受了这桩亲事。这种行为,在当时曾被称为新时代的旧道德,为士林清议大加推崇。至于鲁迅,他早期的婚姻也是被母亲安排的,尽管他和他夫人之间并无"夫妇之实",可表面上也行了"夫妇之礼",直到后来才同许广平结合。他的老师章太炎的学术观点有很保守的地方,但鲁迅对章执弟子礼甚恭,好像从来没有批判过自己的恩师。总之,在兄弟、夫妇、师友这些问题上,他和传统有很多千丝万缕的联系,多少带着几分不得已的悲剧感。他对魏晋时代的人物、风气、字画等方面的兴趣,也多少反映了他的念旧情绪。另一方面,我看他照片里的装束好像又相当日化,即东洋化,仿佛是一位日本知识分子的形象。他的日本朋友很多,留日对他的影响肯定相当大。

再如王国维在他的时代所碰到的问题:我所爱的我不能信,我所信的我不能爱。他所爱的,是叔本华、尼采所代表的唯意志论、超人哲学,但他认为那不可能是事实;他所信的,是杜威等人所代表的实用主义或实证主义思想,他认为这些是事实描述,是属于科学之真,但又不可爱。可见,即使在了解西方文化方面,他也感到了感情上的纠葛。后来,他从哲学转到了文学,又从文学转到古典文化的研究,成绩斐然。可惜自杀身死时正是壮年。王国维的自杀和他晚年的保守主义乃至文化遗老的自我定义有着很深刻的联系。至于他和罗振玉的关系,过去很多人认为是罗振玉利用他,现在罗振玉的孙子把他给罗振玉写的信完全公布出来。从这些材料中可以看出,王国维确实处处表现出一种以满清遗老自居的心态。他认为他应该殉国,认为共和以后的发展不仅是政治上的大堕落,而且是文化上的大堕落。严复早期,毫无疑问是中国思想界第一流的先进人物,但晚年相当保守,甚至参加了袁世凯的"筹

现龙在田:在康桥耕耘儒学论述的抉择(1983—1985)

安会"……这是一个复杂的时代,在这复杂的时代中间,很多最先进的东西,往往和一些受封建遗毒影响的因素纠缠在一起。在这样的背景下,有一个潮流,即政治化的潮流,也就是说知识分子为了救亡图存,参加到了一个大的历史运动之中,知识分子群体批判的自我意识,逐渐被强烈的、为政治服务的意愿所取代。只要能够找到一个使中国强盛起来的力量,大家就愿意终身奉献。这种以革命行动为救亡图存的必然归趋的意识,使得知识分子产生一种强烈的罪恶感,认为国家已到了生死存亡之秋,自己不能报效国家,不能抛头颅、洒热血,只会坐在屋里摇笔杆子,起不到什么实际作用,是志在四方的男子汉的奇耻大辱。对于献身革命、牺牲性命,他们感到新奇、佩服,也感到自己软弱无能。在这样一种压力下,他们就很容易和现实政权所代表的政治路线认同起来。这和西方知识分子的抗议精神有很大区别。西方知识分子的抗议,比如像罗素,他们有很深厚的经济基础,在学术界、知识界能够获得很大的支援,在政治界又能获得相当的礼遇,所以,他们不会感到自己是孤零零的、手无寸铁的个人,而且可以从事一些所谓"象牙之塔"中的工作,也没有一种罪恶、无能或起不到任何实际作用的感觉。

在中国,最明显的心态比较接近西方知识分子的人是胡适。胡适受杜威的影响很大,他回国后,虽然在政治上有一定的影响力,在文化上有很大的影响力,但是他把当时最敏感、最迫切的一些意识形态的大问题,乃至有关革命斗争的大问题,统统都给消解掉了。他认为,知识分子应该从事一些具体问题的研究。在那次著名的关于问题与主义的辩论中,他坚持"多谈些问题,少谈些主义",明显地带有杜威工具主义的色彩。

杜威这套思想,生长在美国,是针对美国的教育、政治等很多具体问题而发的,美国的一些大的、根本性的、有燃眉之急的意识形态方面的问题当时已经解决了。他是在没有这些问题压迫的文化环境中从事哲学思考的,心态相当坦然、舒泰。罗素的中国之行,对罗素本人的生命、思想是一个很大的震荡。但杜威来中国,我看对他的哲学几乎没有什么大的影响——他完全是作为一个已经成熟的学者,来教导中国人怎样从事比较正确的教育哲学或哲学的探讨。所以杜威在中国宣扬他所代表的一套工具主义或实证主义哲学时,对中国所面临的政治斗争以及一些生死存亡的大问题并不十分敏感。胡适也认为,从长远看,这些主义之争并不能达到运作实效,它们应该落实到一步步的、循规蹈矩的、改良主义的具体研究。这种观点,从长远看不一定错,但在当时很难有什么说服力。当时有燃眉之急的大问题,胡适这种从事学术研究的心态和时代的大潮流有冲突,而马列主义思想经过斗争以后,影响力越来越大。

现龙在田:在康桥耕耘儒学论述的抉择(1983—1985)

马克思主义何以能进入中国

这里,还涉及一个马列主义为什么能够在那样短的时间对中国产生那样大的影响的问题。我认为,这和政治化的潮流也很有关系。当时的知识分子感到,能够救中国的意识形态应该来自西方,他们必须从西方寻找一条切实可行的救国途径。在早期,他们多半到西欧或美国去找,《新青年》所代表的意识形态就基本上属于这一范围。甚至陈独秀在《新青年》中宣扬的青年价值,和现在一些青年理论家的思想非常相契,比如要解放个性、要有竞争性、要能够否定传统、要拥抱未来、要有开放的心灵、要有冒险精神,甚至提倡个人主义等等。在这样一种努力向西方寻找救国真理的背景之下,胡适那种实际上把现实中燃眉之急的大问题给消解掉了的思想路线,一旦失去了说服力,就会留下一个非常大的空隙需要填补。只有一种既来自西方,又是完整的、各方面问题都涉及、能够指导中国独立自强的意识形态,才可能适合中国的需要。另外,近代中国两个最凸显的意识——强烈的反传统意愿和强烈的民族主义精神,又制约着人们对外来思想的吸收。因此,中国需要西方思想,同时又不能忍受那种类似于社会达尔文主义的、和帝国主义有明显联系并足以伤害中国人的民族意识的意识形态。而马克思主义在这些方面都显示了他特有的优点。它是来自西方的、是比较完整的、能够指导革命实践的;同时,它又相当激烈地批判西方,和中国人民所仇恨的帝国主义不仅界限分明,而且势不两立;再有,它和中国的一些传统思想有某种同构的关系,特别是和儒家那种注重实践、那种强烈的道德理想主义、强烈的社会意识和历史感受等等,有不少可以找到结合点的地方。所以,形形色色的西方思想在中国几乎都是昙花一现,只有马克思主义真正进入了中国社会,并且取得了相当的成功。其中具体的体现,就是农民和知识分子的联合阵线。以前过分强调了农民的作用,其实如果没有知识分子的参加,马列主义根本不可能在中国变成一个政治文化的洪流。

薛:从您上面谈的这些来看,五四以来的知识分子之所以以批判的方式而不以同情了解的方式来对待传统文化,主要是由于现实文化环境的压力。他们的功绩,恐怕我们很难否定。面临着那样一个严峻的、生命攸关的挑战,也许只能干完一件事再干一件事。当我们把封建遗毒消除干净以后,当中国实现了现代化以后,再来认同自己的优良传统,也许并不算晚吧?

中国文化能否"再出发"?

杜:五四的功绩,是不可否认的,这一点我完全赞同。甚至我认为,要发扬儒学的真精神,必须首先发扬五四精神。不过现在问题恐怕在这里:从文化的长期发展来看,中国文化是否能够从零开始"再出发"——这是五四以来一直就有的一个非常强烈的意愿——过去不堪回首,将来还有希望;为了将来,我们不妨彻底抛弃过去,从头干起。这种意愿,很有一种全盘的味道。就像你刚才说的,干完一件事再干一件事。这就好比一个人突然间发现自己有很多非常不好的积习,于是决定重新做人。他重新做人的第一步,就是要把过去一切痛苦的记忆从他的意识乃至下意识层中洗刷干净,先来个彻底的忘却,然后再从一张白纸上重新开始。从心理的立场看,这种做法不仅不可能,而且会造成很多变态和纠结。事实证明,要对付自己丑恶的过去,一个比较好的办法就是对治,就是要了解自己,要有自知之明。所谓自知之明,就是要对自己传统的复杂性进行一个全面深入的反思——到底它在你内心的积淀是怎样的积淀,到底它的影响是怎样的影响等等。

我想,无论是儒家,还是任何一个重要的精神文明,它的存在,都不仅仅是观念的问题、制度的问题或者传统的问题,它在根本上还是人的问题。儒家能否健康发展,关键在于它在各行各业有无真正的见证者。我之所以坚持这样的提法,主要是出于如下考虑:任何人都难以否认,儒家在中国人的文化心理结构中,起着非常大的作用,但目前看来,这些作用基本上都是负面的,是封建意识形态在各种不同角度的体现。像权威主义、官僚主义、各种领域中的近亲繁殖、小农经济的保守思想以及没有进取精神、没有冒险精神等等。这些都是陈独秀在《新青年》中所要扬弃的传统,也是和《新青年》所代表的新的价值观念以及英克尔斯(Alex Inkeles)所谓的现代人的特征背道而驰的东西。我们面临的问题是,这些在现代中国有着极大影响的,都是儒家所塑造的封建意识形态。而儒家所塑造的真正比较健康的精神,如大丈夫精神、抗议精神以及农民那种坚韧的性格等等,则仅仅是一个遥远的回声。有鉴于此,很多年轻人希望全盘西化,或尽可能地向西方开放,以此来把封建遗毒给消解掉。我想我们未免把问题看得太简单了。为什么呢?因为每一种文明,都有它特殊的系统、结构,有它特殊的问题。对于在中国社会中长期存在的封建意识形态,我们若仅仅依靠从西方带来的开放的心灵、自由主义精神、人权意识等等来进行照察、解冻,恐怕很难彻底。我们必须把优良的传统发扬出来,才能对治那些丑恶的传统,否则根本无法对治。现在的状况是,从西方进来的一些比较肤浅的东西,只要点一点儿火,就会迅速蔓延;对于传统文化,又往往只从民族主义、爱国主义、中国人的特殊性格等等角度来讨论。在这种讨论中所肯定的,基本上是肤浅的、政治化的东西。真正能够比较健康地体现中华民族优良文化传统的研究,往往少得可怜。五四以来,儒学要么被政治化,要么被当作封建遗毒给扬弃掉,根本无法进入一个不亢不卑昂首阔步的新境界。

薛:是不是说,对于中国的传统文化,在经过了五四时代优秀知识分子的批判以后,我们应该重新考虑怎样正面继承的问题?

强人政策——文化比较的策略

杜:我想这是一个很严肃的课题,值得作进一步的考虑。我们所谈的传统,有它特定的意义,不是从过去保留下来的东西都是传统。在这里,传统是指那些在文化层次上反思水平比较高的、也就是过去第一流知识分子的智慧结晶。那么,到底为什么这种传统五四以来一直没有在现代中国发生积极的作用,没有变成中华民族的精神源泉之一,没有真正的见证者?为什么它会这样支离破碎?为什么只有那些抱残守缺的保守主义者、国粹派才来宣扬"传统"?这些都是很值得考虑的问题。

我想谈一种情况:在西方学术界,特别是在比较文化研究领域,有一种大家都应该避免的禁忌,即"强人政策"。具体地讲,就是为了加强我们对自己文化的信念,加强我们自己的文化意识,乃至对自己文化的感受,我们就用我们文化中的精英来同其他文化(特别是敌对文化)中的糟粕进行对比。这是很不公平的事,也是在比较文化中经常出现的事。比如法国知识分子在从事法德文化比较时,常常自觉或不自觉地突出了法国文化的精彩一面,藐视德国文化。德国人在比较德英文化时,也犯过同样的毛病。像尼采,他就认为英国的实证主义、功利主义是一种猪猡哲学,没有强烈的精神生命的飞跃,更无法和他所奉行的超人哲学相比,只是一种很平实的、和现实世界取得某种妥协的学说。类似的例子还有许多。比如日本学者在进行东西文化比较时,常易过分强调大和魂的精神作用。中国的学者也常常运用这样的方法。但是,五四以来,以鲁迅、胡适、陈独秀等人为代表的先进知识分子,他们在进行中西文化比较时,正好反用了上述那种"强人政策",即为了对付那些抱残守缺的顽固派,为了证明中国文化不行,就要特别把中国文化中乱糟糟的一面凸显出来,以为通过这样的策略,就可以把西方文化中的精华,如民主人权、科学精神等等都输入到中国社会之中。

薛:既然是策略,那么就并不一定能够说明采取这种策略的人,在他们的内心深处对传统文化的精彩一面真的没有任何照察吧?

杜:即使假定他们有所照察,那么这种策略性的运思途径到了一定的程度,必然会出现严重的问题。学术界有一种很常见的情况,就是研究的方法和渠道,决定了研究的内容和结果;或者说现象的某一部分,通过某种特定的方法和渠道来观察,便会显得特别突出。我觉得现在很有必要对塑造中华民族文化精神的比较健康的传统有一个全面深入的反思。目前我们正面临很不容易跳出的两难:正因为我们没有照察传统文化的内部动源,没有把它当成一个需要继承的历史遗产来加以肯定的意愿,所以,我们能够看得到那些可以继承的东西就显得非常之少;而这种"少",反过来更加强了我们的一种信念,即传统文化中确实没有什么可继承的东西。实际上变成了一个互为因果的循环论证。如此下去,传统中的精华也就越来越少了。

人们常常说,我们要把从孔夫子到孙中山的文化继承下来,取其民主科学的精华,去其封建糟粕。这几乎是公认的继承文化遗产的正确态度。然而在我看来,最大的困难是,如果我们用西方文化的标准为标准,我们很难在中国的传统中找到类似西方"民主科学"的精华。这并不是说它本身没有精华,它有的是和西方现代文明性质不同的精华。它有哲学的人学的精华,有修身养性的精华,有天人合一、情景交融等等很多伦理学和美学思想上的精华。它们既非民主,也非科学,但是在对人进行全面深入的反思方面,在启发知识分子的自觉方面,以至在政治、经济、文化等领域里构建信赖机制方面,都有其独特的价值。如果我们不内在于传统本身的逻辑性来把握它的精华,而用一些完全外在的标准来把握它、评价它,那么你能够找到的精华当然不会很多,进而使你死心塌地地认定:传统已经失去了继续存在的理由;甚至满怀悲愤地表示:我们如果有勇气面对西方的挑战,面对20世纪,我们就应该割断和传统的联系,不管是在理智上还是在情感上,否则,中国就永远站不起来。

探讨传统的两种方法

薛:这样的思想(或者说情绪),我想每一个思想敏锐的、生活在现实中国的人,都应该很容易理解。也许如您所说,中国文化没有"再出发"的可能。五四以来知识分子对文化的反思有着明显的局限性。但是,不知您是否考虑过这样的问题:五四以来知识分子在传统文化上所采取的"策略",还不仅仅是由于整个民族生死存亡的命运的压力问题,也不仅仅是由于传统文化在现实政治中被一些最反动的势力所利用的问题。在我们民族文化心理结构的下意识层,潜存着一种根深蒂固的"权威主义"观念。在充满了"权威主义"观念的文化环境中发表自己的见解,就不能不有很多特殊考虑。比如,您是一位研究儒学的学者,为了使大家意识到儒学的精彩一面,您无论走到哪里,都不免要谈论一些儒学中的精彩内容。这是理所当然的事。您可以很真诚地认为:儒学是许多值得发扬的文化中的一种,应该用开放的心灵来挖掘它的真精神。但是,在"权威主义"的文化环境中,您的听众——不管是拥护您的还是反对您的——都很可能把您的观点看成是一种"独尊儒术"的学说,一种排斥其他文化的学说,甚至是一种强迫人们必须接受的学说。再比如,国内一些人写文章,他的主旨明明是批评某一事物的缺点,可是偏偏要浪费笔墨来肯定这一事物的人所共知的优点,以示其"全面"。表面上看,这可能是"文革"的后遗症,实际上,它也体现了作者对于"权威主义"的恐惧。在这样的社会心理状态之中,像您那样对儒学进行正面的、同情了解式的研究有无可能?您能保证您的研究扩散到社会中后,不变成一种保守主义思想或阿Q精神吗?

杜:我确实感到对儒学的反思应该从一个开放的心灵起步。中国的传统有很多,不仅有儒家,还有佛教、道家以及各种类型的民间宗教;不仅有知识分子的传统,还有军人的传统、宦官外戚的传统、农民的传统等等。我要对儒家进行反思,就意味着我认为对上述这些各种不同的传统都有反思的必要。至于某一个人要从事哪一个方面的具体课题,要看他个人的兴趣、背景、学历等各方面的条件而定。他想致力于某种学术课题的探究,必须由他自己来选择。只有这些工作都开始了,而且每一个参加者都真正深入进去了,我们对传统才可能有一个创造性的反省。你刚才讲的那个"权威主义"的问题,倒使我想起一件有趣的事。有一次我在一个大学演讲,有位老师问:"中国的传统思想,除了儒学之外,总还有其他吧?"这个问题问得很唐突,我当时甚至没有意识到他是针对我所讲的课题而发的。后来,我才渐渐有些感觉:因为我讲的是儒学,所以在他的思想或潜意识中,就认为我是在宣扬儒家;宣扬儒家,就意味着我要把它的地位无限提高,把它的地盘无限扩大,以至于排斥其他思想。最后的结论,自然就是我根本没有了解到在中国的传统文化中,除了儒家以外还有其他有价值的东西。

薛:这恐怕就是一种"权威主义"的听众吧?

杜:对,我确实感到非常奇怪。在西方很少碰到这种情况,所以现在我就比较小心了。我觉得要深入地讨论一个传统,有两种可能性。一种是采用排斥性的方法:我既然研究儒家,就认为它是中国文化中最好的、独一无二的代表,不发扬儒学,中国就没有任何希望。很多从事儒学研究的人,都有这样的情感。特别是在海外,有些学人讲孔孟之道,有着强烈的排他性乃至孤臣孽子的情怀。像港台的一些卫道者,可以说是"党性"非常强的道统论者,你的调子若和他们不同,他们就不接受你是儒学,而且还要对你进行批判。这样的方法,完全不符合我的心愿。我所希望采取的,是另外一种迥然不同的方法:你要突出一个思想传统,就要从同情的角度来理解它,在理解的过程中,它的阴暗面也随之突出了(五四时代知识分子的一大功绩,就是使传统的阴暗面得到了较充分的揭露)。这样的反思其实也是一种思想的创建,而它的背景是多元的、复杂的。我不相信儒家会一枝独秀,这绝不可能。我的问题是:在雅斯贝尔斯所讲的轴心时代中出现的几个大传统,不管是印度教、佛教,还是犹太教、基督教、回教以及希腊的文明传统,在20世纪后期乃至21世纪,都将会有进一步的发展。为什么只有儒家碰到了这样多的曲折?它在未来的文明发展中还有没有生命力?如果有,它的内在动力在什么地方?需要什么条件?这些问题,不仅不含排他性,而且恰恰是通过多元文化的比较研究,和以学术为天下公器的信念才提出的。

权威的正负两面性

至于你提到的"权威主义",也十分复杂。在西方,权威(authority)这个观念,有正面和负面两种意思。正面的意思是争取到的对某一学术课题、思想课题的比较全面深入的理解,以及在这方面发言的权利。比如我对莎士比亚缺乏了解,碰到有关问题,就要听一听那些对莎士比亚有足够了解的权威们的意见。在这个意义上,权威是非常健康的观念。如果一个社会没有任何权威,没有思想的权威,没有学术的权威,没有宗教的权威,乃至没有其他任何科学权威,那么,这个社会的整个价值系统就无法维持。因此,我们可以说,权威是维持一个社会的价值系统中最精致之内涵的见证者,是通过自觉的努力而达到学术界最高水平和最尖端境地的研究领导。这种权威是应该提倡和发扬的。

一般我们讲的"权威主义",在很多场合是指某些政治领导因为在政治上的地位,他对各方面的问题无形中有了一种控制权,很容易滥用。阿克顿勋爵有一句名言:"权力是趋向腐化的,绝对权力绝对腐化。"这里的权力,就含有权势的意味。

薛:是不是说,为了消除"权威主义"的祸害,最好的办法,就是要在社会中树立各种各样独立的权威,来进行对治?

杜:对,完全正确。如果在一个社会中,政治的权威、思想的权威、学术的权威、宗教的权威乃至军队的权威、警察的权威都无法正常地运作,那样维系这个社会的一些基本法则和基本精神就会受到摧残;如果一个社会没有任何权威感,那么是非、好坏、美丑、强弱等等一切都没有了客观标准,出现一种相对主义,这就给政治权力的滥用提供了更多的可能性。

国内面临的一个大问题,就是要建立独立的学术权威、思想权威乃至宗教、文学、艺术、文化、经济各方面的权威。现在政治权威的干扰性太大,影响太大,不管其他权威多么高,比起政治权威来就要矮半截,就要服从政治的需要,甚至干脆为政治服务。在美国和其他民主制度较完备的国家里,绝不可能允许这种现象存在。作为总统,里根有很多决策权,但是他要想干预某某大学的校政,那就完全不是他的政治权威所能掌握的,因为他没有学术权威。

我们可以把权威当作一种影响力,它不是用法律、权力来强迫人们接受,而是一种不可抗拒的感染力、说服力,使人们不得不接受。

另外,当权威僵化以后,也会带来很多问题。因为它已不代表什么学术和知识上的高峰了,只是由于某种历史因缘,或是由于某种世俗的、政治的影响,仍保留有很大的发言权而已。现在有些人即使在学术界作报告,也完全是指令性的,是企图强加于人的,是自上而下的传达。这种行为,也是对权威的一种腐化,是一种"权威主义"。

听的艺术被遗弃了

薛: 您讲的这些,主要侧重于发言者的方面,我的问题,则主要侧重于听众。明确地说,就是不仅要警惕"权威主义"的发言者,更要警惕"权威主义"的听众。常常有这样的情况:一个思想传统、一种哲学,在它的"传道者"的嘴里、心里是一种形象,在它听众的思想中又完全是另一种形象。所以,知识分子常常会有一种不被理解的感觉,这在五四以来也表现得比较充分。如果听众的心态都习惯于接受那些指令性的言论,或者习惯于把一些提出来讨论的观点都理解为指令性的观点,那么在这个社会中,如何能够建立各种独立的权威？如何能够彻底清除"权威主义"？这里,除了"讲"的问题以外,恐怕还有"听"的问题吧？

杜：对,我也一直认为这是个重大课题。五四以来,我们逐渐失去了一个在中国传统中本来是十分丰富的宝藏。什么宝藏？听的艺术。五四以来的思想家,包括我非常佩服的那些宣扬儒学的思想家,常常是经过一段时间的沉默,经过内心的奋斗、纠结、反思,然后开始发言。他们的发言,也确实达到了相当的水平,有相当深厚的理论基础。但是,他们很难真正做到荀子所讲的"以学心听",即以学习的态度来听,或是庄子所讲的"勿听之以耳,听之以心,勿听之以心,听之以气",就是那种心斋、坐忘的人生境界。在佛教中,真正的大师大德,耳朵都非常修长,"观音"二字是意译,特别用"音",里面是有讲究的。孔子说自己"十有五而志于学,三十而立,四十而不惑,五十而知天命,六十而耳顺……","耳顺"是什么意思？"耳"的观念,在中国古代思想中有非常突出的意义。西方学者有一种解释,认为希腊传统是一个以目明为主的传统；希伯来的传统是一个以耳听为主的传统,上帝在《旧约》中出现,总是一种声音；在中国,则两者并重,但听更重要。譬如"圣"字就从耳从口。视觉是有方向性的、空间的；听觉则是无方向性的、时间的。我曾写过一篇"听和讲"的文字,认为听是一种真正的时间艺术,一定要听到最后一句话,才算完结。朱熹讲"声入心通",若是心境不很平静,那么在听的过程中,不仅心不能通,恐怕连声也不能入。从这里听进来,马上又从那里溜去,入耳出口容易得很。或是你讲这一问题,他则想着另外一个问题。我很小时就有这样的感觉:有些事你常常以为听懂了,很简单;但再听一听,发现并没有懂。特别是对于一些思想比较深厚的大师大德,初读他们的书,听他们的话,也许感到很平实,你怎么体会其中的味道,怎么了解其字里行间的意义以及他们的弦外之音?这需要很深厚的听觉功夫。五四以来的思想家,真正喜欢听的很少,他们多半都特别喜欢讲,并且热情洋溢,抓到你就说个不停,完全不把对方当成一个对话的对象,而仅仅当成一个接纳的对象、宣传的对象、斗争的对象,或同志之间互相鼓励以增强自信心的对象,不是在一种比较宽厚、平和的心态下进行真理的探讨、智慧的沟通或感情的交融。

薛:这恐怕就是因为受到现实环境的挤压吧?

杜:这种压力太大了。人们都处于一个非常焦虑的心态下,急于一下子都把话讲出来,灌输给人家,所以对话非常困难。由于肤浅的语言太多了,斗争性、排斥性的语言太多了,简单化、概念化的东西太多了,结果每个人头脑里都形成了某种固定不变的思维方式,形成了很多"箱子"。当他们想了解他人的意愿时,就匆匆忙忙听上一两句,然后马上按那套既定的方式归类,把各种不同的思想按他们先入为主的理解,装入不同的贴好标准的"箱子"中。你若是被他们装进去,不管你愿意不愿意,反正是再也出不来了。我在台湾,这种感觉就非常强。有些人捧我,对我非常好,但是他们所捧的是他们心中的某种形象,是某个箱子里的东西,和我几乎没有什么关系。

薛:听您这样说,我更进一步确定了这样的看法:一个思想传统的最后命运往往要取决于它的听众。我甚至认为,由于听众的不同,同样是儒家传统,在国内很难健康发展,在国外可能大有前途。

杜:我完全同意。

误解可带来深入的反思

薛:那么,您是否考虑到,您讲儒学,在国外可能有积极作用,在国内可能被利用,或者起码会遭到一系列的误解呢?

杜:我现在有这样的感觉——也许每个人都有他的命运吧——我们都不希望被误解,但无论谈什么问题,被误解的可能性都非常大,而且是各种不同角度、不同层次的误解。记得美国杰出的文化人类学家吉尔兹(Clifford Geertz)在对我的一篇论文作评价时,特别提出了不同语境的问题,谈得非常深入。我的文章还给他一个让我感到惊讶的印象。他说,在我的字里行间,涌现出一种强烈的、希望不要被误解的意愿,但又有一种强烈的、认为可能会被误解的恐惧。我当时觉得很奇怪,他过去没见过我,只看了我这篇论文,怎么会有这样的感觉?他说很简单,因为我的行文之中常用这样的表达方式:这个问题,既不能这样去理解,也不能那样去理解;表面上看是这样,其实并非如此;你们以为是这样,实际上不是这样……总之,有一种要想详扣、深扣的愿望,也隐藏着一种非常明显的不安之感。这一点,我以前没有照察到,现在倒不太在乎了。误解是不可避免的,如果你再多谈一些问题,也许就会发现:你被误解并不一定得怪别人,而是你本身比较肤浅,以至于非被误解不可。这中间,我们自己要经过一个努力过程。倒不是说真理越辩越明,而是要争取即使被误解,也是在一个较高的层次上被误解的权利。

欧美学术界现在常常讨论这样的问题:一本书所给予读者的信息,能不能由作者来控制?我想即使有某种程度的控制,其效果是完全无法预期的。作者写出一本书就如生了一个小孩一样,孩子一出生,就开始了他自己独立的生命,你不能擅自左右。一本书一旦写成,它的前途、命运就和读者有着千丝万缕的联系,你只能像父亲对孩子一样,祝愿他以后所走的道路不要太坎坷,但绝对控制不了读者。回想宋明时代的儒学家,从二程到陆王(朱熹也许是除外),都特别强调面对面的对话和直接的交通,而且竭力避免直接诉诸文字。我想也是出于同样的原因。面对面的对话是比较灵活的、容易把握的,引起误解的机会自然也相对减少。可是到了20世纪,你讲的话变成录音录像后,就立即脱离了你,使你无法控制。在台湾,也常有类似的情形,你会碰到很多连你自己也想象不到的对你的"理解"。当你讲的话,经过很多渠道又回到你这里时,常常会吓你一跳:原来这就是我!面对这种情况,我反而不那样担忧了。各种各样的误解,会促使你从另外的角度,对这些问题进行更深入的反思:你为什么会被误解?是你对现实的了解不够,还是你对听众的了解不够?是你的观点没有击中要害,还是由于现在的气氛、语境使你无论怎样讲,都将遭到不同程度的误解?经过这样的反复思索,问题就有可能展开、深入。你可能受到很多委屈,但实际上在学术交流、思想创建等方面,它有一定的积极作用。

过去,我在这些方面曾经有很多顾忌,无论讲什么、发表什么,都力图控制自己的言论。现在这些考虑不那么多了。因为很多观点,本来就不一定是我的,它是由很多不同的力量塑造而成的。这并不意味着我可以对我说的话不负责任,也不是说我一定要找很多渠道来表述我的见解,好像我有多么了不起的思想,而是说要把我的观点变成一种深入讨论某种文化现象的助缘。任何人的观点都有正面、负面的作用,任何人都难免于被误解,它只要可以引发出其他的问题,可以作为深入某一问题的过渡,它就有价值。

放弃儒家的立场?

薛:也许有一个途径,可以使您的命运多少好一些,您在讨论问题的时候,可以坚持您一贯的观点,但不妨放弃儒家的立场。这样,接受的人可能多些,误解也可能少一些。

杜:以前,我的几位朋友对我进行一次批判。他们说:你的很多看法,我们都能接受,但你为什么要站在儒家的立场来谈呢?如果能和这一庞杂的思想传统划清界限,那么你的很多思想还是相当有生命力的,为什么要为儒家所累呢?

坦率地说,摆脱儒家的立场,这对我是一个很大的诱惑。在新加坡,很多人对儒学有一种"先天的"排拒感,甚至有人这样劝我:您为什么不把你的那套理论说成是一种新的新加坡伦理的出现?我想,问题恐怕不那么简单。这也许是我的自我意识、自我理解或者自我定义的问题。其中有两点需要澄清:第一,我站在儒学的立场,并不是因为我是中国人,以前属于这个传统;更不是因为念旧,或是对老师、对家庭有某种割不断的感情上的联系。第二,我也并不想声称要代表儒家传统,因为这是需要去争取的权利,是人家接受不接受的问题。有些人曾大声疾呼他代表儒家,或代表基督教,然而除了他本人以外,很少有人承认。我要考虑的问题是:进行一种哲学的反思,能不能没有一种根源感?我如果站在自己自觉选定的立场发言,能够完全不涉及我在知识上的自我定义吗?有些人站在一种世界性的,即所谓"世界语言"的立场,凡是好的思想都只管拿来,它可以是印度的,可以是中国的,也可以是西洋的。这是一种形态。我虽然对此也很能欣赏,但我的运思形式却与之不同。这只能说是我的选择——一种进行哲学反思的选择。

事实上,我60年代在美国从事学术研究时,遇到了很大的挑战。我对自己有一个很明确的要求:不管是面对弗洛伊德也罢,面对其他各种人文思想也罢,我首先必须"进去"。所谓"进去",就是要内在于它的逻辑来掌握它的真理性,要看看它到底会在我的身心性命之中引起怎样的共鸣。我"进去"就是为了使我主动地接受西方学术的考验,即使其结果可能导致和儒学划清界限也在所不惜。因此,常常出现这样的情况:我"进去"后,马上产生许多和我以前所理解的儒学格格不入的思想;再经过一定的进程,发现以前自以为想透了的、没有问题的问题,又出现了问题,而且还导出一连串以前连做梦也不可能想到的新问题,结果再进一步地思考,发现以前认为和探索的西方课题没有任何联系的儒家思想又有了深层的联系。

薛：不知我现在能不能谈谈我对您的理解？

杜：哦，请谈，我很有兴趣听。

薛：在我接触您以前，有个先入为主的印象，以为您会有这样一个坚定的信念——儒家在未来的东亚社会，乃至整个世界文明的发展中，将起决定性的作用。现在我们谈得多了，这种印象也就很快消失了。我觉得，您虽然对儒学在未来的东亚社会，乃至全世界所可能起的作用寄予相当的希望，但您也仅仅是把它看做是多元文化背景下许多优良传统中的一种，绝对不会独尊。目前，儒学的命运比较曲折，您试图在这种曲折的命运中，将它那些不大为人注意的价值挖掘出来，使之对社会起到健康的作用。

儒学与现代化

杜：这种理解，我大致可以接受，不过还应该有一个前提。因为我的基本想法（或者说思考的重点），还不是使儒学在一个多元的文化环境中起某种作用，或者是让儒学对东亚的现代化，乃至中国的现代化作出积极的贡献，虽然我确实有这方面的心愿。我觉得，能否这样提，还必须先站在一个更根本的基点上，就是儒家如果有第三期的发展，它要经过怎样一个创造性的转化？在 20 世纪或是 21 世纪，儒家传统有无再生的可能？有无真正的生命力？这里,除了很多客观的、外在的条件需要考虑外,我最为关注的,是在对儒学没有下最后结论之前(过去很多人都对它作了最后的结论甚至判决),怎样对这一精神传统进行一个全面深入的反思。

话说回来,在国内儒家肯定会发生极大的作用,其实现在它的作用就非常之大,大到大家对它感到无可奈何,只不过这些都是消极的作用罢了。很多年轻人看到这些,决心要冲破几千年来的文化束缚,狠批传统。对此我很能理解。然而,我是从另一个角度来考虑儒家的问题的。具体地讲,我接触这一问题不是在功能的系统中,不是着眼于它现实的效验。这不是说在功能系统中的反思没有价值,也并不意味着我对这方面的课题不关心。而是因为我看到,五四以来大家都只在这一个系统中考虑问题,所以很难深入。我觉得,现在还有一个重大的课题值得我们思考,这就是如果我们自觉地做一个现代人,立志做一个有理想、有文化的中国知识分子,我们能不能从儒家的传统中找到一些精神源泉?我们能不能站在批判继承儒家传统的基础上,对当今人类文明所碰到的重大挑战有一个创见性的回应?我之所以强调要自觉地做一个现代人,是考虑到很多现代人都不愿做一个现代人,而且自觉地设法和现代文明划清界线。在美国,我认识很多著名的汉学家,有些专攻唐宋历史和文学的杰出人才,根本没有到今天中国来观光的意愿,有些甚至拒绝任何来华科研的邀请。他们认为唐宋文化在现代中国早已消失了,他们的工作即是从文献、诗词、绘画、艺术中重新发掘业已死亡的传统。因此,在伯克利的图书馆中,在纽约的大都会美术馆中,才能身临其境地体验这种文化。我想我研究儒学,和他们的心态是大异其趣的。

中国文化统治世界?

薛:这种区别确实很明显。不过我现在在想:为什么在接触您之前,我会有上面说的那种先入为主的印象呢? 是因为我也无法摆脱"权威主义"的心态,还是因为我没有掌握"听的艺术"? 也许两方面的原因都有。不过,更主要的原因,恐怕是和我对许多从事传统文化研究的人的印象有关。他们常常有这样一个提法,即未来的世纪是中国人的世纪,中国文化必定会在世界文化中取得统治地位……

杜:这种提法,理不一定直,但气很壮,就是王龙溪所谓的"气魄承担"。本已感到自己的基础很薄弱,偏要说些大话,壮壮胆。我倒很少有这种意愿。过去在伯克利历史系任教时,我为研究生开设了好几次关于批判儒学的研讨会,对于过去的、现在的甚至将来可能出现的对儒学的批判,都作了广泛而深入的探索。因此,对于儒学的批判,在我心中占有相当的分量。不管你把儒学说得多么高明,多么富于理想性,我都可以马上举出很多与之相应的阴暗面来,因此,对儒学传统我并没有任何浪漫式的迷恋。甚至可以说,我对儒学的阴暗面,可能要比一些以批判儒学为首务的学人还了解得多一些。如果说,我是像一个基督徒研究基督教神学,或是像一个佛教徒研究佛教教义那样,试图身体力行地去认识儒家的智慧,因此只能进行内部批判,我不能不首肯。但是这并不意味着我放弃了批判的权利和意愿,只去照察儒家的那些精彩的东西。我是从最残破的、已经百孔千疮的表现形态中,去观察它真正有精神价值和哲学意义的思想发展的动源。即使我希望、相信它将来有很大的发展,但在实际的研究工作中,也很难得到这种结论,更不可能轻易作出一种玄想式的、"气魄承担"的预言。

薛:这样看来,难免要有很多人把您本不愿作的"预言",误解为您坚定不移的信念。于是,您被一部分人看成是位"卫道者"……

杜:误解总是多种多样的。前一段时间,在上海碰到一位当演员的亲戚,他见了我说:"哎呀,想不到你变成了一位尊孔的知识分子。"这句话后面,显然是包含着许多想要善意规劝的感情。所以,一位年轻的同行半开玩笑地对我说:被误解就是你的命运。

薛:这也难怪,现在知识界最关心的是现代化的问题。长期以来,人们一直认为现代化和传统是对立的,因此,对您的观点也会有一种先入为主的抵触。

中国的现代化——四个问题一起解决

杜：关于现代化，我已多次表态。我的建议是，最好四个问题一起解决：要发扬代表中华民族文化认同的优良传统精神，要彻底扬弃在中国为害甚深的封建遗毒，要引进西方文化中最精彩、深刻的东西，同时也要认清与之俱来的一些浮泛现象。因为你想引进的先进技术、管理方式等等，都有其广泛的文化背景，有其深刻的精神根源。只有了解这些背景，抓住这些根源，你要引进的东西才可能真正进入中国社会。否则，就可能吸收很多肤浅的现象，表面看起来很现代化，实际上非常肤浅，而且不可避免地要引起很多弊病。

再讲具体一点，我们能否以开放的心灵来了解自己的传统，和我们能否对西方文化的复杂性作广泛而深入的照察是有密切关系的，完全成正比的关系。对传统的认识越深刻，就越能以一个正常的心态面对西方的挑战；对传统理解得越肤浅，就越要走盲目的全盘西化的老路。而后一种情况，正好造成一种回流，就是全盘西化必会导致狭隘的义和团精神，义和团精神又会更进一步地激起全盘西化的情绪。这是一种极为变态的心理。如果不转化价值取向,根本无法跳出来。我们毫不奇怪地看到,许多主张全盘西化的人,心里有非常狭隘的仇外情绪;而一些强烈地表现出义和团精神的人,同时又可以是一个非常媚外的思想家。

薛:这使我联想起一个非常近的例子,就是5月份北京的球迷闹事……

杜:这是个非常明显的例子,是突然爆发出来的感情。它反映了一种变态心理,一种仇外情绪。越媚外,也就越仇外。如果我们只是肤浅地了解西方,只引进它的科技、管理等方面的内容,自以为别的东西都可以不要,那么,我们引进的东西就必然是最肤浅的东西。像法国的时装设计师皮尔·卡丹,一个反映巴黎或纽约上层社会口味的欧美中心主义者,在中国竟有如此大的影响,就是个非常奇怪的现象。试想:一个国家要发展,譬如日本明治维新以后的发展,绝对不应该先同西方文化中最浮浅的现象结合在一起,因为我们必须经过一段动心忍性的奋斗,才可能现代化。

薛:这里恐怕还有个中国人的世界意识从何处开始的问题。有一次我到一个卖首饰的地方,看到柜台上方有一行金光闪闪的大字,写着那些金首饰的含金量,并标明"完全符合国际标准……"柜台前那番热闹的景象,也很有说服力地向我们表明,西方文化那些最肤浅的东西,进入中国社会是多么容易。但是,如果中国人的世界意识是从这里开始,如果中国人对西方的渴望仅仅限于这些,那

现龙在田:在康桥耕耘儒学论述的抉择(1983—1985)

么就很难想象中华民族会重新振作起来。

杜: 这里其实还有些更复杂的问题。1980年我来时,碰到了些非常奇怪的现象。比如在杭州,一家工厂生产出一种产品,但自己对产品的质量无法检验,必须请某家德国公司来鉴定,以取得说服力。结果,生产这一产品的大部分利润,都被那家德国公司赚走了。而就在这家工厂附近,有另一个厂家想买这个产品,可是明文规定,非得"国际标准"才能引进。因此,在外国人没有"判决"以前,这个产品就卖不出去。甚至有这样的情况,一个国产产品,销售到国外,然后又被国内厂家买回来。产品没有自己的信誉,往往要经外国人转手才行。当然,这可能仅仅是一个特例,但它反映的问题非常深厚,也非常复杂。也许这正符合谚语所谓:"本地姜不辣"或"外来和尚好念经"。我恐怕儒家传统将来的发展也可能有这一侧面。也就是说儒学要进一步发展,必须先在国外的某些地方发生影响,即如上面所说的要经过纽约、巴黎、东京,在外面取得了发言权,再回到中国来才比较有说服力。这中间,有一些很不容易突破的关口。就比如中医,它要在中国社会发展,必须突破中医的自卫堡垒,和西医联系起来。若是能够在西医的讨论中确立它的科学性,那么就会取得较大的说服力。在现阶段,有些人为中医辩护,其实他们实质上也往往瞧不起中医,是用西医的观念来讨论中医。中医所代表的,是完全不同的一套理论系统,就是阴阳五行那一套。它是不是迷信？我想不是。现在的问题,是怎样用现代语言很系统地把它展示出来。中医有很实际、很具体的运作实效,譬如针灸;同时,它也容易出毛病。一位医道高的中医和一位医道低的中医,水平相差非常之远,无法进行有效的控制;西医则可以保证一个基本的水平,不会出那么大的毛病。所有这些,都使得中医无法确立自己的标准。在国外,这方面的辩论非常多,我参加过几次,问题很复杂。比如疼痛经验的问题。西医主要着眼于静态的结构,拿死人进行解剖分析,所以它的理论是很严格的;中医则要掌握一个活人的动态过程,它面对的是不可进行解剖的生气勃勃的人,只能通过脉搏,通过观相等方式去理解。它的一套认识系统比较复杂,而且弹性很大。但我想不能说它没有客观标准。关于这些问题,我们以后还可以慢慢来讨论。

总之,我们一定要面对我们必须面对的文化现象,不能回避某些不应该回避的问题,更不能采取一相情愿的方式。

仍有共振的心灵

薛:这次你来大陆,有什么感受吗?

杜:我最大的感受是出乎意料。以前我根本没有想到居然会有这么多共振的心灵。本来,我到这里是准备从事半年多纯学术

现龙在田：在康桥耕耘儒学论述的抉择(1983—1985)

的研究，和几位专业内的同行进行一些学术上的探讨。没想到一来就被请去讲儒学和现代化的问题，而且有那么多人愿意听。可以肯定，这中间会有很多你所说的误解，因为我们那样长的时间没有交流，彼此的出发点不同，社会化的过程不同，文化背景乃至理解问题的方式都不同，中间的间隔太大了。我想，最坏的事情是像两只海轮，在漆黑的夜色中面对面地驶来，然后默默地擦身而过，谁也没有感到对方的存在。我们所谓的"交流"，大体有两种方式，一个是辩难，一个是共振。现在虽然共振者相对少些，但有辩难就有希望。因此可以说，我首先感到了很大的鼓舞。

薛：这里的情况恐怕还很复杂。上面我们已经谈过，近现代中国人文化心理结构的下意识层，往往有一种复杂的心理纠结：既排外又媚外，既自卑又自尊。有些人对您感兴趣，恐怕不能排除他们有这样的心态：看来外国人对我们的祖宗还挺"买账"的，人家讲儒学的都在哈佛当了教授了……

杜：哦，这恐怕很难免，在台湾也有类似的情况。五六十年代，台湾长时期不能坦荡荡地讲民族文化，因为怕和大陆认同。它在文化上受美国影响很大，受日本影响也非常大。现在台湾的日本味仍很重。所以，在某种意义上讲，我们在台湾成长的中国人的心理纠结，恐怕比大陆还复杂得多。在这样的情况之下，人们听的只是他们想听的话，和所讲的话关系不大，当然也不想获得什么真正的信息，只是加强自己先入为主的陈见而已。不过，近年来台湾的知识分子确能以不亢不卑的心态对西方文化进行批判的认识，并以知己知彼的策略对传统文化进行批判的继承。可惜他们受到政治气候的影响，无法站在较高的视野，对今天的大陆思想界的动向作一较深入而全面的掌握。但是，儒学研究在台湾已有很健康的发展，值得正视。不过我更担心另外一个问题。在上海，一位同行对我说：有些人对你的观点不能接受，但是见了面、谈过一两次后，发现你这个人以及你的提法还不像他们想象的那样落伍，于是多多少少接受了你的一些观点。请看，一个是信息，一个是传达信息的工具。我作为一个传达信息的工具，基本上又变成了信息是否被接受的重要条件。那么等我消失了，信息就很可能变质。有人爱讲这样的风凉话：即使所有人都恨我，我也不在乎，只要他们接受我的信息；如果把这句话反过来：大家都很喜欢你，但就是不接受你的信息，那岂不更糟糕？这在思想史上是个大问题。譬如说康德的哲学，无论在何时何地，人们都正视他的哲学思辨，因为它有很高的客观水平，至于存在主义以及体验之学，就不如此了。这是什么原因？我非常关心。假如你的信息无论在思辨方式上，还是在其所根据的理由上，都有很大的片面性，但由于某种传道方式，由于某种传递信息的心灵，它居然产生了效果，那么这种效果也一定是片面的。这还不仅仅是由于它来自西方，适应了人们的某种心态的问题,它还涉及其他一些我现在还不能理解的原因。

薛:有一次我和一些朋友谈起您,他们认为,您之所以"尊孔",是因为您来自台湾。台湾长期以来进行思想封锁,对五四以来中国优秀知识分子反传统的传统了解不够。对这个问题,您是怎样看的?

中国的发展没有捷径可寻

杜:你提的后一点是对的。在台湾念大学的时期,五四以来的思想性较强的东西很难得到。所以,60年代我到了美国后,就如饥似渴地补课,从五四一直到"文革",什么都抓。经过这段补课,我想我们在海外看到的材料要比在国内看到的还多一些、全面一些。我们讨论问题的方式,也和内地乃至台湾必须顾及政治现实的情况有很大的不同。

我感到,有两种批判的精神,一种是破坏型的,一种是构建型的。前者缺乏长期深思的心理准备,把悲愤的情绪和自以为必然的逻辑结合在一起。批判别人时理直气壮,正面提出自己的观点则软弱无力。如果我们的批判精神只在打击陈腐观念上显其精彩,不能进一步变成一种思想上的构建,那么还是不能达到我们最后的目的。在一种"激情主义"的动荡心态下,很难从事真正深刻的文化思考。

薛：这是不是说,"新的不来,旧的不去"?

杜：可以这样提。我一直强调我的这种强烈的感觉:要对儒学进行深入的哲学思考,必须要经过纽约、巴黎、东京,面对各种思想挑战,把它真正的内涵在一个多元的文化背景下展示出来,然后,再回到中国那种感情纠结非常严重、思想斗争非常惨烈、现实问题非常突出的文化环境中,这样它才能健康地发展。现在大家多半局限于功能的坐标系统,不管你讲什么,其真理价值都仅仅是一个侧面;另一个重要的侧面,是它落实到现实中以后,所起的作用是积极的还是消极的,是保守的还是进步的……即便讲的是真理,它在现实的运作过程中也很可能遭到批判;即便讲的是谎言,那么只要它在现实中能够起一些有利的作用的话,也不妨给它一席之地。从儒学的长期发展看,这样的讨论是不可避免的,但它不是问题的本质,也不是核心。

薛：如果我们抛开现实问题,关起门来"了解传统",您认为能够贯彻到底吗?

杜：当然不可能,这是闭门造车的办法,我根本无法接受。我认为,现实感越强,对现实问题的复杂程度理解得越深,我们的反思才越可能鞭辟入里。如果暂时不顾及现实,硬着头皮钻研传统,那绝对不可能达到目的。中国本有自己的发展脉络,但鸦片战争以后被打断了。要讨论鸦片战争以后的问题,就不得不讨论西方的问题,因为它已经破门而入,在你家里安家落户100年,并且自称大爷。虽然曾有过民族主义意识的高涨,企图把它驱逐出门,但这种逞一时之快的举动,反而把自己弄到了几乎被瓜分的地步。现在开放,也是你有求于人的多,人有求于你的少,这当然会引发一种不舒展的心情。面对这样的现实,我们没有其他捷径可寻,只能像上面所谈到的那样,四个问题一起解决。在这个前提之下,"隔离的智慧"(也就是不紧跟着现实翻滚的知识性的反思)才有真切的意义。

(原载香港《九十年代》1985年11月)